高校共青团工作改革创新研究

颜　怡
郭春甫　著

西南大学出版社
SWUP 国家一级出版社 全国百佳图书出版单位

图书在版编目(CIP)数据

高校共青团工作改革创新研究 / 颜怡, 郭春甫著
. -- 重庆 : 西南大学出版社, 2024.6
ISBN 978-7-5697-2044-0

Ⅰ. ①高… Ⅱ. ①颜… ②郭… Ⅲ. ①中国共产主义青年团 - 高等学校 - 共青团工作 - 研究 Ⅳ. ①D297.6

中国国家版本馆CIP数据核字(2024)第046220号

高校共青团工作改革创新研究
GAOXIAO GONGQINGTUAN GONGZUO GAIGE CHUANGXIN YANJIU
颜 怡 郭春甫 著

责任编辑:李 君 曹园妹
责任校对:文佳馨
装帧设计:起 源
排　　版:杨建华
出版发行:西南大学出版社(原西南师范大学出版社)
重庆·北碚 邮编:400715
印　　刷:重庆新生代彩印技术有限公司
成品尺寸:170 mm×240 mm
印　　张:9.75
字　　数:155千字
版　　次:2024年6月 第1版
印　　次:2025年3月 第2次印刷
书　　号:ISBN 978-7-5697-2044-0

定　　价:49.00元

本书为重庆市教育委员会2024年人文社会科学研究项目“新时代高校学生意识形态工作机制创新研究”（24SKSZ013）的研究成果。

作者简介

颜怡，西南政法大学民商法学院党委书记，西南大学教育学部博士研究生，副教授，主要从事党的建设、思想政治教育和高等教育管理研究。承担重庆社会科学规划项目等省部级以上课题10余项，在核心期刊和党报党刊发表论文10余篇，出版著作2部。

郭春甫，西南政法大学教授，硕士生导师，管理学博士，西南政法大学城市治理与发展研究院副院长，西南政法大学学术委员会委员。主要从事社会治理、风险治理、应急政策与公共服务研究。承担国家社科基金重大项目子课题、教育部青年项目等省部级以上课题30余项，发表论文40余篇，出版著作11部。

前言

增强党对青年的凝聚力和青年对党的向心力是共青团的工作定位，高校共青团是联系青年学生最紧密、最重要的共青团组织，在党的领导下，承担着培养社会主义建设者和接班人的历史责任与时代担当。高校共青团要实现深深植根青年的任务和要求，需要明确定位，发掘资源，不断创新工作体制、组织建设与工作方式，以高校共青团工作改革创新，培育高校团员青年勇于创新、开拓进取的精神，激发高校团员青年奋进新时代的信心和决心。

本书积极回应高校共青团建设和发展的时代要求，以高校共青团工作改革创新为切入点，梳理共青团发展历程，从历史中汲取学校团组织的宝贵经验，以“创新需求—创新实践”为主线，从体制机制创新、组织建设创新、工作方式创新三个层面建构了高校共青团工作改革创新的发展图景。全书共有五章。第一章介绍了高校共青团的工作方向，阐明了高校共青团工作的时代定位。第二章以高校共青团面临的发展需求为逻辑起点，提出新时代高校共青团面临组织外部环境变化与内部创新动力的双向需求。第三、四、五章依循组织研究的相关理论，每章分别从结构、制度、支持要素等层面构建叙事框架，对高校共青团体制机制创新、组织建设创新、工作方式创新条分缕析，并在部分章节辅之以案例，以图生动活泼地呈现高校共青团工作的创新图景。

目前国内有关共青团研究的相关专著有上千种，数量繁多，种类丰富，内容充实，相关著作从多个角度传递了共青团工作的理论知识与实践内容。遗憾的是，有关高校共青团的著作，尤其是高校共青团工作改革创新的著作不多，因此，呈现高校共青团工作的创新做法与实践经验，责无旁贷地落在了我们这代学人的肩膀上。本书是智慧的结晶，凝聚了作者的大量心血，也是作者多年从事高校共青团工作的经验和心得。由于水平有限，本书不免存在一些疏漏和不足，请各位读者不吝指正！

目录

Contents

第一章

高校共青团发展历程概述

当代中国青年生逢其时，施展才干的舞台无比广阔，实现梦想的前景无比光明。[①]青春是希望和活力的象征，青年是最具青春活力的群体。青年群体的精神状态在一定程度上反映了其国家与民族的精气神。在国家与民族未来的发展过程中，青年的发展状况与国家和民族的命运紧密相连，国家发展、民族复兴都需要青年力量的倾情融入。因此，关注青年、关爱青年是国家的重任和要务，引导青年健康成长，凝聚青年磅礴力量，是培育中华民族伟大复兴动力的源泉。

中国共产主义青年团（以下简称共青团）是中国共产党领导的先进青年的群团组织，是广大青年在实践中学习中国特色社会主义和共产主义的学校，是中国共产党的助手和后备军。[②]1919年五四运动之后，中国工人运动进程中就融入了先进的马克思列宁主义，既为成立中国共产党奠定了思想基础，也为发展共青团提供了组织保障。经历了百余年的光辉历程，中国共产主义青年团不断地发展壮大。共青团自诞生之日起，就把一批批优秀进步青年紧紧地凝聚在党的周围，充分体现了它作为党的助手和后备军的作用。共青团在党的领导下不断发展壮大，始终引领着广大青年走在革命、建设和改革的前沿，为中国社会主义政治、经济、文化的发展贡献自己的青春力量，激励着广大青年在中华民族站起来、富起来、强起来的历史进程中实现自己的人生价值。共青团团结带领广大团员青年始终聚焦党的工作重心，紧扣时代主题，坚持改革创新，从严治团，为推进社会主义现代化建设事业、实现中华民族伟大复兴作出了重大贡献。

高校是青年人才培养及输送的主要阵地，是广大优秀青年成长成才的第一基地，同时也是共青团开展青年工作的特殊场域。[③]普通高校共青团是在各类普通高校中建立的团组织，是中国共产党领导下的先进青年的群团组织，是普通高校青年在实践中学习中国特色社会主义和共产主义的学校，在全团具有基础性、战略性、源头性的地位和作用。高校共青团主要以高校青年为工作开展对象，为大学生提供在实践中学习中国特色社会主义和共产主义的机会与环境。对大学生

① 习近平.高举中国特色社会主义伟大旗帜 为全面建设社会主义现代化国家而团结奋斗——在中国共产党第二十次全国代表大会上的报告[N].人民日报，2022-10-26(1).

② 中国共产主义青年团章程.北京：人民出版社，2018：1.

③ 沈威.高校共青团改革中的职能定位及问题研究[J].中国青年社会科学，2017，36(1)：108.

这一特殊群体进行思想政治教育，同时为社会主义建设事业培养和输送更多的专业人才是高校共青团的主要职责。具体地说，一方面，共青团为在高校学习的青年提供生活、学习、社会交往、就业创业等方面的帮助，引导青年不仅要掌握理论知识与实践技能，还需具备生存发展的能力，促进其身心综合发展。另一方面，从思想层面对大学生进行引导，加强对大学生的思想政治引领和价值引领，使其成为与社会主义思想价值观念相契合的高素质人才。据2020年全国教育事业统计数据，全国共有普通高校2738所，各种形式的高等教育在学总规模4183万人，高等教育毛入学率54.4%。[①]青年是中国特色社会主义事业的建设者和接班人，是国家未来发展的希望，是实现中华民族伟大复兴的重要力量，因此，高校共青团必须紧扣时代主题，发扬共青团的优良作风，进一步深化高校共青团改革，把高校共青团建设成为团结教育青年学生的坚强核心。

① 2020年全国教育事业统计主要结果[EB/OL].(2021-03-01)[2021-05-01].http://www.moe.gov.cn/jyb_xwfb/gzdt_gzdt/s5987/202103/t20210301_516062.html.

第一节　高校共青团工作的使命任务

一、坚持把培养社会主义建设者和接班人作为根本任务

2019年4月30日，在纪念五四运动100周年大会上，习近平总书记提出“把青年一代培养造就成德智体美劳全面发展的社会主义建设者和接班人，是事关党和国家前途命运的重大战略任务”①。高校共青团坚持把培养社会主义建设者和接班人作为根本任务，引导广大青年自觉为共产主义远大理想和中国特色社会主义共同理想而奋斗。

高校共青团通过开展常态化的理论学习及各种与时俱进的团组织活动等，不断增强为党培育优秀人才的政治职能。一方面，高校共青团经常利用重大历史节点、节日、纪念日等，对大学生进行主题教育，如“不忘初心、牢记使命”主题教育、“让青春为祖国绽放，纪念五四运动101周年”、“庆祝中华人民共和国成立70周年”、“学党史、强信念、跟党走”主题教育等活动，以此提高大学生思想政治觉悟和理论素养。另一方面，高校共青团为当代青年的发展推出长期性培养工程，使其更符合国家及社会未来发展需求。2007年5月，共青团启动“青年马克思主义者培养工程”，该工程在落实过程中以大学生骨干为重点对象，加强其对马克思主义的学习。大学生骨干培养要结合大学生自身特征及发展需求，引导其贯彻落实共青团根本职责，为承担社会的责任而不断提升自己，这种提升主要体现在政治素质、作风品格、思想境界、知识技能等方面。大学生骨干培养还要把马克思主义中国化作为新时代中国青年的精神力量，坚定不移地跟随中国共产党的领导。基于中国特色社会主义事业的发展需要，培养合格的高素质人才，是共青团的重要工作目标，这对共青团自身发展以及国家未来前景均具有重要意义。

---

① 做好青年工作，习近平这样要求全党[EB/OL].(2019-05-03)[2021-05-01].http://www.xinhuanet.com/politics/2019-05/03/c_1124445147.htm.

二、坚持把巩固和扩大党执政的青年群众基础作为政治责任

高校共青团应遵循党的领导和方向，将青年群众凝聚在一起，巩固和扩大党执政的青年群众基础。在全国高校思想政治工作会议上，习近平总书记提出：“高校思想政治工作关系高校培养什么样的人、如何培养人以及为谁培养人这个根本问题。要坚持把立德树人作为中心环节，把思想政治工作贯穿教育教学全过程，实现全程育人、全方位育人，努力开创我国高等教育事业发展新局面。”

高校共青团坚持把巩固和扩大党执政的青年群众基础作为政治责任主要体现在两个方面。一是全面加强对青年大学生的教育与引导。比如高校共青团通过深入推进青年大学习行动，将习近平新时代中国特色社会主义思想作为当代青年的精神力量，引导当代青年学习党史知识、了解国情政策，提高青年对党的拥护度，进而为党的领导奠定青年群众基础。二是充分发挥青年学生组织的作用。高校共青团需对学生组织进行合理引导，包括学生会、青年志愿者协会、社团联合会等，为大学生志愿活动、社会实践活动等的顺利开展提供帮助，在教育青年、服务青年的过程中获取青年大学生的拥护，进而巩固党执政的青年大学生群众基础。

三、坚持把围绕中心、服务大局作为工作主线

高校共青团在开展工作时要把围绕中心、服务大局作为主线，将广大青年这支生力军凝聚在一起，发挥其在改革开放、民族复兴、国家发展中的重要作用。共青团在革命、建设和改革的不同历史时期，虽然有着不同的历史任务，但始终坚持服务大局、服务社会、服务青年。在革命时期，共青团多次开展反帝反封建的学生运动，为青年现实利益而奋斗；在建设时期，共青团通过开展过渡时期总路线的宣传教育活动，带领大学生团员青年参加工业化建设和三大改造活动；改革开放以后，随着高考制度的恢复，高校共青团组织重新建立起来，高校共青团坚持加强大学生思想道德建设，充分发挥了大学生在促进经济发展、推动社会进步中的作用。

高校共青团围绕党的中心任务，开展了一系列青年工作。尤其是2020年以来，高校共青团重点开展了三项工作。其一是造就创新创业的生力军。高校共青团在发展期间要以促进大学生创业就业为工作重心，为其提供相应的服务，提高

大学生创业就业成功率，发挥大学生在社会主义现代化建设中的作用。其二是汇集青年智慧打赢脱贫攻坚战。高校是人才培养与输送的主要阵地，为精准扶贫和精准脱贫提供人才保障，所以要明确在脱贫攻坚战中大学生的重要使命及担当。高校共青团在推动扶贫工作开展的过程中，整合各级团组织、团干部及广大团员，为创业就业扶贫、文化扶贫、志愿扶贫等工作的顺利开展提供人员支持，引导青年团员积极参与。其三是凝聚青年力量共同抗击新冠病毒感染疫情。在党的领导下，作为先进青年的群团组织，共青团要根据党的领导要求贯彻落实相关工作，发挥党的助手及后备军的重要作用，让青年生力军用智慧、勇气去努力和奋斗，为疫情防控发挥自身作用。青年大学生在疫情防控阻击战中，是一支必不可少的力量。在各级党和政府的指挥下，广大共青团员和基层团组织落实相关疫情防控工作，提高了工作的科学性及有效性，展现了新时代青年的力量与价值。

第二节 高校共青团工作的时代定位

从高校共青团承担的角色来看，高校共青团既是学校党委的得力政治助手，又是高校学生组织的领导核心，更是密切联系青年学生、服务青年学生的桥梁纽带。因此，高校共青团对落实党的工作、促进学校发展和培养大学生成长成才具有十分关键的作用。自改革开放以来，高校共青团在学校党委和上级团组织的正确领导下，在广大团员青年的积极参与和共同努力下，紧密围绕党的方针路线和学校人才培养的根本任务，不断改进和加强工作，保持和增强政治性、先进性、群众性。高校共青团在促进学校发展、学生发展的过程中，其体制机制、组织结构以及工作方式也在不断发展进步。

随着中国特色社会主义进入了新时代，我国的国情、党情发生了深刻的变化，在新时代与全面深化改革的背景下，高校共青团必须在体制机制、组织结构和工作方式等方面以改革创新回应时代需求，高校共青团改革势在必行。改革创新是组织发展的内在动力，高校共青团想要继续发挥好作用，就必须与时俱进地实现自身变革与创新。因此，面对新形势、新挑战，高校共青团的首要任务是结合党和国家的政治意图和高校发展的实际情况，找准共青团工作新的时代定位，锐意改革进取，切实当好党的助手、学校的帮手、学生工作的行家里手。

一、引领理想信念

理想信念是人们的精神支柱，是人们终其一生都为之奋斗的思想、精神和行动准则。[①]理想信念集中体现着青年大学生的世界观、人生观与价值观，坚定正确的理想信念对青年大学生的成长成才具有积极意义。中国共产党历来重视青年学生的理想信念教育，《关于加强和改进新形势下高校思想政治工作的意见》指出要“把理想信念教育放在首位，切实抓好马克思列宁主义、毛泽东思想学习教育，广泛开展中国特色社会主义理论体系学习教育，深入学习习近平总书记系列重要讲话精神”。进入新时代，国际国内形势发生深刻变化，部分学生理想信念出现动

① 董杰.十八大以来习近平青年理想信念教育重要论述探析[J].山西高等学校社会科学学报,2019,31(10):2.

摇与滑坡。一方面，西方不良价值观不断对青年大学生进行渗透，冲击着部分理想信念不强的青年学子；另一方面，国内消极价值观念的扩散，侵蚀腐化青年大学生的三观。“理想信念动摇是最危险的动摇，理想信念滑坡是最危险的滑坡。”[①]高校承担着立德树人根本任务，同时也是思想政治工作的前沿阵地，面对新挑战，高校共青团首先应立足于思想信念引领，以政治引领为核心，以价值引领为基础，以生活引领为关键，全方位加强青年学生的理想信念教育。

（一）引领理想信念，政治引领是核心

教育的核心是“培养什么人、怎样培养人、为谁培养人”，习近平总书记强调，“我们党立志于中华民族千秋伟业，必须培养一代又一代拥护中国共产党领导和我国社会主义制度、立志为中国特色社会主义事业奋斗终身的有用人才”[②]。培养合格社会主义建设者和接班人，首要任务是强化政治引领。强化对青年学生的政治引领，是培养能够担当民族复兴大任的时代新人的战略之举，也是应对敌对势力“西化”、“分化”和意识形态渗透的关键所在。一方面，强化政治引领，能有效提高青年大学生的政治理论水平，激发其爱国热情，使其紧密凝聚在党的周围；另一方面，强化政治引领，能增强青年大学生分辨是非的能力，有效抵御西方意识形态的渗透。大学生作为青年中的优秀群体，属于高层次人才，是未来社会发展、民族振兴的骨干力量，必须保证其政治素养合格与政治方向坚定。共青团中央、教育部研究制定的《高校共青团改革实施方案》强调，“始终把握思想政治引领这一核心任务”[③]。因此，高校共青团应坚持政治引领的核心地位，坚持用马克思主义理论教育和影响青年，努力培养和造就政治立场坚定的优秀青年。

（二）引领理想信念，价值引领是基础

“青年的价值取向决定了未来整个社会的价值取向，而青年又处在价值观形

① 习近平．习近平谈治国理政（第一卷）[M].2版．北京：外文出版社，2018：415.

② 习近平．思政课是落实立德树人根本任务的关键课程[J].奋斗，2020(17)：6.

③ 共青团中央 教育部关于印发《高校共青团改革实施方案》的通知[EB/OL].(2016-11-14)[2021-05-01]. http://www. moe. gov. cn/jyb_xxgk/moe_1777/moe_1779/201703/t20170320_300172.html.

成和确立的时期，抓好这一时期的价值观养成十分重要。”①有学者认为，青年大学生的价值危机是当今世界面临的最大危机之一，我国当代青年大学生在物质生活方面得到了极大满足，而某些价值观念却相对淡薄了。②此外，西方大肆宣扬的“普世价值”在中国大行其道，某些西方国家试图利用网络输出其政治、经济、社会制度和价值观，首当其冲的便是青年大学生。尤其在信息网络高度发达的时代，青年大学生很容易接触到各种纷繁复杂的社会思潮，由于青年学生正处于价值观形成的关键时期，部分青年大学生社会阅历浅、分辨能力弱，容易导致其价值观在无形间偏离社会主义核心价值观。青年大学生的价值观会直接影响其人生观与世界观的形塑。因此，高校共青团应把握时代特点，以社会主义核心价值观为指引，把价值引领作为引领理想信念的最基础内容，引导青年大学生形成正确的价值观，自觉抵御不良价值观念的侵害。

（三）引领理想信念，生活引领是关键

青年大学生的生活方式是其长期受文化、民族、经济、社会、风俗、规范等影响而形成的一系列生活习惯和态度，主要体现在青年大学生的日常生活中，具体包括经济生活方式、政治生活方式、社会生活方式等。青年大学生对经济生活、政治生活、社会生活的态度关系到其能否健康成长，同时更关系到其能否肩负党和国家赋予的历史使命。因此，高校共青团有必要通过生活引领，使青年大学生始终保持积极乐观的人生态度、养成健康向上的生活习惯、提高自身心理素质。不同的生活方式会折射出大学生不同的精神面貌，生活引领能够最直接地改变青年大学生消极、颓废的精神面貌，使大学生保持青年应有的朝气与活力。同时，良好的精神面貌也有助于大学生改善自己的心理状态。在当今社会，大学生心理健康问题日益突出，很多大学生深受心理问题的困扰，因此高校共青团也有必要向青年大学生提供必要的心理健康教育和心理健康服务。总之，生活引领是关键和基础，大学生只有形成良好的生活态度，才能正常开展其他学习教育活动。

---

① 习近平．青年要自觉践行社会主义核心价值观——在北京大学师生座谈会上的讲话[EB/OL].(2014-5-5)[2021-05-01].http://www.xinhuanet.com//politics/2014-05/05/c_1110528066_3.htm.

② 万资姿．当代大学生社会主义核心价值观认同与培育研究[M].北京：人民出版社，2018:3.

二、整合教育阵地

高校的核心职能是教书育人，高校共青团在引领大学生理想信念的同时，也不能忽视高校的育人职能，应该对高校的育人职能起推动作用，帮助大学生成长成才。高校主要负责科学文化知识和业务知识的授业解惑，而高校共青团的育人重点则在于对青年大学生的思想政治教育和社会实践教育，从而为中国共产党培养出政治立场坚定、德才兼备的助手和后备军。高校共青团应该思考如何实现全程育人、全方位育人，同时还必须着力提升思想政治教育的“有效性”。同时，对青年大学生的培养不能只局限于理论知识的传授，加强社会实践教育创新对新时代高校共青团来说也是必要的。

（一）激活思政课，提升思政教育有效性

思政课作为大学生接受思想政治教育的主要方式，也是所有大学生的必修课。针对这类课程，大部分高校的学生到课率普遍不高，课堂上学生处于被动接受的状态，师生互动不强，学生参与度低。总的来说，思政课活跃度不高，教学有效性差是当前高校思想政治教育面临的最大问题。如何推动思政课“活起来”成为新时代高校共青团的一大考验，高校共青团有必要通过一系列改革措施，使大学生思想政治教育切实发挥作用。推动思政课“入耳、入脑、入心”，需要从教学理念、教学方法、教学模式等方面入手，结合新时代大学生的特点，充分运用各种喜闻乐见的教学手段，使思政课“活起来”。

（二）开辟新渠道，拓展实践教育新路径

实践教育是与理论教育相区别的一种教育活动，二者相辅相成，共同构成了育人结构中不可或缺的组成部分。[①]对大学生进行社会实践教育，一方面，可以帮助他们深化理解专业理论知识，提升运用知识的能力；另一方面，通过各种实践活动，大学生可以深入实际、深入社会、服务社会，以此塑造自己的世界观、人生观和价值观。高校共青团应鼓励大学生走出书斋和“象牙塔”，打造新时代实践育人品

① 李薇薇.“大学生社会实践教育”的概念探析[J].高教探索，2014(6)：36-37.

牌。一方面,利用各种团学活动为青年大学生提供实践平台和渠道,让他们学有所获、学有所为、学有所用;另一方面,通过整合校内校外力量,充分挖掘校外资源,构建社会实践教育新机制。同时,还需要构建督导奖惩机制,着力提升社会实践的实际效果,防止社会实践教育流于形式。①

三、保障社会服务

服务是共青团实现其社会职能进而实现其政治职能的重要方式和途径。②一方面,高校共青团通过服务青年、服务社会,提升自己的吸引力和影响力,最终服务于共青团的政治职能;另一方面,高校共青团通过社会服务实现青年大学生的社会实践教育,实现高校共青团的育人职能。服务青年与服务社会是相互统一的,高校共青团在服务青年大学生的过程中,应以服务社会为最终目的,这样既履行了共青团服务青年的基本职能,又保持了共青团工作的群众性特征。在新时代,高校共青团除了要做好青年大学生的权益服务外,还应重点保障高校共青团的社会服务。保障社会服务,要求高校共青团利用自己的组织优势、资源优势,带动学生团员和群众参与到服务社会中去。其一是通过服务青年创新创业,进而推动经济进一步发展;其二是为青年学生提供志愿服务平台,进而促进社会进步;其三是为青年学生提供文化服务,进而繁荣社会文化。

(一)以创新创业助推经济发展

就业关系到青年大学生的未来职业选择,随着每年高校毕业生人数的增加,毕业生就业压力越来越大,高校学生的就业问题日趋严重。为进一步深化创新创业教育,2015年,国务院办公厅出台了《关于深化高等学校创新创业教育改革的实施意见》,明确提出要将创新创业教育与专业教育有机融合,贯穿人才培养全过程。加强创新创业教育对促进就业工作,实现以创业带就业具有重要意义。新时代,高校共青团应充分发挥自身组织优势、渠道优势等,联络企业与学校对接,大力开展创新创业教育,建立大学生创新创业孵化基地,提供各类创新创业服务。

① 江克宁.试论大学生社会实践教育机制的构建[J].学校党建与思想教育,2016(24):67.
② 吕素香.新时期共青团组织的职能定位与核心竞争力[J].中国青年研究,2006(8):32.

高校共青团开展创新创业服务，一是要以学生为中心，着力提高学生的创新创业能力；二是畅通信息渠道，提高创新创业资源的利用率。

(二)以志愿服务促进社会进步

青年志愿者行动是以“帮助他人，完善自己，服务社会，弘扬新风”为宗旨，以青年自愿参加为基本特征，以义务服务为基本内容的社会性活动。[①]大学生志愿服务具有自我教育和服务社会的双重意义。一方面，在志愿服务过程中，大学生实践能力得以提升，志愿者精神得以强化；另一方面，大学生通过在社区服务、扶贫济困、助老助残、环境保护等领域的志愿服务，促进了社会和谐发展。对高校共青团而言，为大学生提供志愿服务平台就是给学生提供了历练的机会，既是服务青年，又是服务社会。新时代高校共青团应发扬志愿服务的优良传统，将志愿服务和新时代社会发展结合起来，创新志愿服务形式，提高志愿服务成效。

(三)以文化服务繁荣社会文化

为大学生提供文化素质教育是高校共青团育人职能的重要内容，同时，高校共青团作为高校学生组织、学生社团的领导核心，肩负着繁荣校园文化的责任。弘扬社会主义先进文化是高校共青团先进性的体现。因此，一方面，高校共青团要大力加强校园文化建设，提高大学生文化素养，通过传播中华民族优秀传统文化、社会主义先进文化，实现文化育人职能和思想政治教育职能；另一方面，高校共青团应将文化服务与志愿服务结合起来，把优秀校园文化传播到社会中去，以校园文化繁荣社会文化，为社会主义文化事业发展作出贡献。

① 叶学丽．青年志愿者行动——共青团创新工作领域、服务社会需求的一大创举[J].中国共青团，2017(1)：47.

第三节　高校共青团工作的历史机遇

一、外部环境的发展变化

（一）国际形势的变化及其对高校共青团工作的影响

置身于全球化浪潮之下，国际形势的风云变幻对高校共青团工作产生了深刻影响。一方面，全球化浪潮促进了国际间的广泛交流与深度合作，为高校共青团提供了更广阔的视野和更丰富的资源。另一方面，全球化也带来了各种思想文化的碰撞交融，对高校共青团的思想引领工作提出了一系列前所未有的挑战。

一是国际政治经济格局的变化。近年来，国际政治经济格局加速转型重塑，多极化态势愈发显著，新兴经济体蓬勃兴起，全球经济一体化进程进一步加快。这些变革既为高校共青团创造了更多国际合作与交流的契机，也提出了更高标准的要求。高校共青团理应积极提升在国际青年事务中的参与度与影响力，汲取国际前沿经验，为培养具有全球视野和国际竞争力的青年人才筑牢基础。

二是国际治理体系的变革。国际治理体系重构之际，国际组织与非政府组织在国际事务中的作用越发关键。高校共青团要加强和国际组织的联系，深入国际治理事务拿出中国方案、贡献中国智慧。像气候变化、环境污染等国际性问题，高校共青团要引导青年学生积极参与治理实践，增强其国际责任意识，让青年力量在全球治理中得到彰显。

三是国际青年运动的发展。全球青年运动呈现出多元化、网络化、国际化的鲜明特征。高校共青团需密切关注其发展动向，积极融入其中，与各国青年组织交流合作，共同推动国际青年事业不断向前发展，让青年在世界舞台上发挥更大作用，为全球发展注入更多青春活力。

（二）国内形势的变化及其对高校共青团工作的影响

国内形势的变迁同样深刻影响着高校共青团工作的格局。随着改革开放向纵深推进与市场经济的蓬勃发展，我国经济社会发生了沧桑巨变，高校共青团工作亦站在了新的机遇与挑战交会点上。

一是国家发展战略重大转向。近年来，我国发展战略从高速增长向高质量发展转轨，从要素驱动迈向创新驱动。这一战略调整对高校共青团工作提出了全新要求。高校共青团应积极呼应国家战略布局，强化创新创业教育与人才培育工作，为国家经济社会发展筑牢坚实的人才支撑。

二是社会治理体系创新变革。在社会治理体系创新进程中，政府、市场与社会三者间的关系历经深刻重塑。高校共青团需积极投身社会治理体系创新实践，主动强化与政府部门、企业实体以及各类社会组织的联络及合作，凝聚各方合力，携手推动社会治理体系的持续优化与稳健发展，在社会治理现代化进程中展现共青团的担当与作为。

三是青年政策的优化。我国青年政策的不断优化，为青年成长成才构筑起更为坚实的制度支撑架构。高校共青团应紧密跟进青年政策动态走向，深度强化与相关职能部门的沟通协调效能，精准对接青年学生的实际需求，全力为其提供更具靶向性、适配性的政策扶持与优质服务，助力青年学生在良好政策环境中实现全面发展与价值升华。

二、高等教育的变革重塑

（一）高等教育普及化与大众化趋势

高等教育普及化与大众化浪潮澎湃袭来，高校共青团工作的受众范围显著拓宽，工作情境也更为复杂多样。高等教育普及化使更多青年得以迈入高校学习，共青团组织务必拓宽工作覆盖广度，加强思想引领与组织架构建设。大众化趋势则促使学生需求趋向多元，共青团应重视学生个性化需求，并提供精细化服务。

一是高等教育规模稳步扩张。近年来，我国高等教育规模持续稳步增长，高校数量与学生总量不断攀升，这为高校共青团带来了更为广阔的工作对象群体与发展空间。高校共青团需紧跟高等教育规模扩张的步伐，筑牢组织建设与队伍建设基础，提升工作效率与质量水平，以应对日益增长的工作需求。

二是高等教育资源供给紧张。高等教育规模的快速扩张导致教育资源相对紧张，一方面，师资力量、教学设施、实践基地等教育资源在短期内难以满足急剧增长的学生需求；另一方面，高校之间在生源竞争、师资竞争、科研竞争等方面日益激烈。这促使高校不断探索提高教育质量和资源利用效率的新途径，同时也对高校共青团如何在有限资源条件下开展工作提出了挑战。

三是高校团组织规模扩大与结构复杂。高等教育普及化使高校学生数量增多，基层团支部和团员人数相应增加，团组织规模不断扩大，对学生骨干队伍的数量和质量要求也相应提高。选拔和培养一批政治素质高、组织能力强、具有奉献精神且能代表广大学生利益的学生骨干成为共青团工作的重要任务。在大众化教育背景下，学生个体差异明显，如何发现和培养具有不同特长和潜力的学生骨干，并使其在广大学生中发挥模范带头作用，是共青团组织建设面临的新挑战。

四是高等教育思想引领难度增加。高等教育普及化带来学生群体思想的多元化和复杂性。学生的价值观、人生观和世界观受到各种社会思潮的影响和冲击，使共青团的思想引领工作面临更大的难度，需要更加精准地把握学生的思想动态，与时俱进，创新思想引领方式方法。除了传统的思想政治教育外，还应结合时代热点、国家战略需求和学生个人发展需求，增加如创新创业精神培养、社会责任意识强化、职业素养提升等方面的内容。

（二）高等教育教学改革与人才培养模式的创新

一是高等教育改革的创新教学方法。一方面，线上教学平台的广泛应用为共青团思想引领工作提供了新的载体。共青团可以利用网络教学平台开设思想政治教育专题课程、发布主题教育视频资料等，突破传统思想引领工作的时间和空间限制，使思想政治教育更加便捷、高效地覆盖广大青年学生。另一方面，创新教学方法注重学生的知识、能力和素质的全面培养，这与共青团促进学生全面成长成才的目标高度一致。共青团应当借助创新教学方法的实施，进一步整合资源，为学生提供更多的成长和发展机会。

二是高等教育质量的稳步提升态势。高等教育质量的逐步提升对高校共青团工作提出了更高层次、更为严苛的要求。高校共青团应当深度融入高等教育质量提升的实践过程之中，充分发挥自身在凝聚青年、引领青年方面的独特优势，积极助力教育教学改革以及人才培育工作的深入开展。例如，可以通过组织各类学术交流活动、创新创业竞赛等方式，激发学生的学习热情与创新活力，为推动高等教育质量的持续进阶贡献力量，稳步推进高等教育内涵式发展。

三是高等教育人才的多元培养目标。高等教育人才多元培养目标旨在培养适应现代社会复杂需求的复合型人才。它不再局限于单一的学术知识传授或专业技能训练，而是涵盖了思想政治素养、创新创造能力、实践动手能力、国际视野与跨文化交流能力、社会责任感与团队协作精神等多个层面的综合培养。基于人才培养的个性化特点，共青团要为学生提供个性化服务，积极主动地适应高等教育人才培养目标的变化，不断探索创新工作模式与方法。要在思想引领上促使内容和方式的创新与拓展；在服务职能上整合拓展资源并提供个性化服务，充分发挥自身优势；在高等教育人才多元培养过程中扮演更为重要的角色，为培养德智体美劳全面发展的社会主义建设者和接班人贡献力量。

四是高等教育国际化的加速迈进。高等教育国际化已然成为当下高等教育发展进程中极为显著的趋势。高校共青团应当以积极主动的姿态全面融入高等教育国际化的进程之中，大力强化与国际高校、青年组织之间的交流与合作。通过开展国际学术研讨会、学生交换项目、联合文化活动等多种形式的交流合作活动，不仅能拓宽青年学生的国际视野，提升他们的跨文化交际能力，同时也有助于在国际教育舞台上展示我国高校共青团的风采与形象，进而有力地助推高等教育国际化的整体步伐向前迈进。

（三）高等教育信息化的推进与智慧校园建设工作

在信息技术迅猛发展并广泛应用的大背景下，高等教育信息化已成为高等教育发展的重要趋势与必然方向。高校共青团应积极投身于高等教育信息化推进以及智慧校园建设的实践活动之中，切实助力高等教育信息化进程加速发展。

一是教育信息化技术的深度应用实践。高校共青团要积极参与教育信息化技术应用的具体实践，全力以赴强化信息化技术在教育教学活动以及人才培养全过程中的深度应用与广泛推广。例如，积极推动在线课程资源的开发与利用、协助构建数字化教学平台等工作。与此同时，高校共青团还应当高度关注学生在信息化素养以及信息技能提升方面的实际需求，有针对性地提供信息化技能培训课程以及专业的指导服务，帮助学生更好地适应信息化时代的学习与生活要求，提升他们在信息社会中的综合竞争力。

二是智慧校园建设的全面推进。智慧校园作为高等教育信息化发展的重要方向与核心目标之一，高校共青团应积极参与到智慧校园建设的实践进程之中。一方面，要积极参与智慧校园平台的建设工作，从青年学生的需求与使用体验出发，为平台的功能设计、界面优化等方面提供有益的建议与意见；另一方面，要协助做好智慧校园平台的管理工作，确保平台能够安全、稳定、高效地运行。同时，高校共青团还应当密切关注学生在使用智慧校园过程中的体验感受以及学习需求的动态变化情况，以便能及时调整服务策略与内容，为学生提供更为精准、贴心且个性化的智慧校园服务，从而为学生营造一个良好的信息化学习与生活环境。

三、青年成长的需求迭代

（一）青年价值观的多元化与个性化

在当今社会快速发展的浪潮中，青年价值观展现出多元化与个性化的特质，这成为高校共青团工作所面临的重要现实背景。高校共青团作为青年思想引领的核心力量，应当深刻认识到尊重青年价值观多元性的重要意义，坚定不移地将强化思想引领与价值观教育确立为工作的重中之重，全力引导广大青年学生成功构建起正确的世界观、人生观与价值观体系。

一是青年价值观多元并存。当下，青年价值观呈现出多元交织的复杂局面。高校共青团务必对此保持高度关注，持续深化思想引领与价值观教育的研究探索及实践活动。不仅如此，还应积极构建常态化沟通交流机制，通过多种渠道与方式深入了解青年学生的内心世界，精准把握其思想动态变化以及价值观的演变趋势，提供更具针对性、实效性的思想引领与价值观教育服务方案，以契合不同青年学生的个体需求与成长特点，助力他们在多元价值观念的碰撞与交融中坚守正道、明晰方向。

二是青年价值观个性凸显。伴随青年成长需求的多样化，青年价值观亦彰显出个性化色彩。高校共青团应关注青年价值观个性化趋势，强化个性化教育与服务供给。同时，高校共青团应完善与青年学生的互动反馈机制，洞悉其个性化需求与成长需求，以期为其提供更为精准的个性化教育与服务。

（二）青年学习方式的变革与创新

信息技术的广泛普及，已深度重塑了青年的学习模式。高校共青团理应紧紧把握青年学习方式变革创新的脉搏，大力强化相关创新实践举措，全力促进青年学习向纵深推进。

一是在线学习蓬勃兴起。如今，在线学习已然崛起成为青年学习的关键路径之一。高校共青团需积极投身在线学习的实践探索与理论研究工作，着力筑牢在线学习资源建设与管理的根基，为其深入、持久发展提供坚实保障。在此过程中，高校共青团应时刻密切留意青年学生在在线学习方面的需求动态以及学习方式的演变趋势，精准对接、有的放矢地提供更贴合学生实际需求的在线学习支持与服务，助力青年学生在在线学习浪潮中收获更丰硕的成果，实现自身知识与技能的高效提升。

二是混合式学习广泛推广。当今，混合式学习成为青年学习的重要方式。高校共青团应积极参与混合式学习推广实践，强化混合式学习课程建设与师资培训，推动混合式学习的深入发展。同时，高校共青团应关注青年学生混合式学习需求与学习效果提升需求，并为其提供更为精准的混合式学习支持与服务。

三是实践学习显著强化。实践学习作为青年学习不可或缺的关键组成部分，对于培养青年学生的动手能力、创新思维以及社会责任感具有不可替代的重要作用。高校共青团应积极参与实践学习的实践探索与理论研究，全力夯实实践学习基地的建设与管理基础，为实践学习活动的顺利开展提供坚实保障。与此同时，高校共青团要密切关注青年学生在实践学习过程中的多样化需求，以及他们在实践能力提升方面的迫切诉求，通过组织丰富多样的实践活动、提供专业的实践指导、搭建广阔的实践平台等方式，提供更为精准、贴心的实践学习支持与服务，促使青年学生在实践中不断积累经验、增长才干，为其未来的职业发展与社会融入奠定坚实基础。

（三）青年就业创业的挑战与机遇

在社会快速发展的浪潮中，青年就业创业领域机遇与挑战并存。高校共青团需紧紧围绕青年就业创业的需求及挑战核心要点，大力加强就业创业指导与支持服务力度，为青年学生铺就实现就业创业梦想的坚实道路。

一是青年就业创业需求多元。当下，青年就业创业需求展现出丰富多样的态势。高校共青团应敏锐捕捉青年学生在就业创业需求方面的变动情况，深入挖掘并剖析其内在规律，持续推进就业创业指导与支持服务的研究与实践进程。与此同时，高校共青团应积极构建与用人单位、创业企业的紧密合作桥梁，广泛整合各方资源，为青年学生开辟更多元化的就业创业渠道，提供强有力的资源保障与支持后盾，助力其在就业创业征程中奋勇前行，收获成功。

二是青年就业创业挑战严峻。青年就业创业面临就业市场竞争激烈、创业风险高等多重挑战。高校共青团应关注青年学生就业创业挑战与困境，强化就业创业指导与支持服务供给。同时，高校共青团应加强与相关部门的沟通协调与资源整合力度，为青年学生提供更多政策扶持与资源保障。

三是青年就业创业带来机遇。创新创业教育的推广实施为高校共青团工作注入了新的发展动力。高校共青团可积极参与创新创业教育与实践活动，培育学生创新精神与实践能力。同时，高校共青团可强化与企业、社会的协同合作，为学生提供更为丰富的创新创业资源与支持。通过创新创业教育的推广实施，高校共青团可推动青年学生成为创新创业的中坚力量，为经济社会发展注入新活力。

高校共青团工作置身于国际国内形势变化、高等教育发展变革以及青年成长需求变化的多重境遇之中，面临着诸多挑战与机遇。唯有坚定不移地强化思想引领与价值观教育、创新工作方式方法、夯实组织建设与干部培养以及拓展与社会各界的联系合作等工作策略，方能紧紧抓住历史机遇，推动高校共青团工作创新发展。

第二章

高校共青团的创新需求

第一节　高校共青团体制机制改革创新需要

共青团团员在发展的过程中面临着思想上、政治上和组织上的考验。一方面，整体社会环境的复杂化影响着校园内新团员的吸纳招收以及对团员的思想教育培养；另一方面，由于时代的发展和党组织的建设要求，共青团必须加快共青团组织机制的更新和老团员水平的提高。

一、党对高校共青团体制机制改革创新的要求

青年一直是一个国家、一个社会最重要的基础力量，他们充满朝气，也有着对于未来的无限想法，但是也正因为缺少社会阅历，容易被外部环境的污浊所腐蚀。随着我国社会的快速发展，对外开放的步伐持续加快，市场经济中利益驱动和不正当竞争等一系列社会问题对大学校园产生了强大的影响①，如意识形态话语权遭受冲击，对物质主义的过度崇拜和对群团组织生活的排斥。现在共青团所处的环境、所肩负的任务，和过去任何时期都有很大的不同，现在的环境复杂得多，现在的任务艰巨得多。如何发挥共青团在学生的思想上、行为上的正面导向作用，抵御外部环境的负面影响，吸引新青年并引导广大有知识有干劲的青年将美好年华投入到社会主义的建设事业之中，成为高校共青团在新时期建设中的重点任务。

（一）重塑青年主流话语权

高校对学生群体中的主流话语权的争夺是一场新时代思想斗争中的“上甘岭战役”。高校在意识形态建设领域起到晴雨表和堡垒的作用。随着新媒体逐步融入社会的每一个角落，每个高校学生都能够成为信息的制造者和传播者，自由表达自己的诉求和愿望，使以往具有绝对话语权的官方媒体受到冲击，其作为思想引领者和知识传授者的角色受到严峻挑战。在少数几个时间节点，西方反动势力在网络环境中借助新媒体等大举进攻，以意识引导的方式潜移默化地向青年学生

① 刘红霞.新形势下高校共青团工作面临的挑战与发展思考[J].广西青年干部学院学报，2005，15(6)：21.

灌输错误思想，这使部分青年学生的思想出现了偏差，甚至产生了对社会和国家的极端偏见。高校共青团是加强青年学生思想引领和服务学生的重要组织，新媒体营造的大众舆论环境对有效构建主流意识形态话语权提出了巨大挑战。作为网民群体的主力军，高校团员青年无时无刻不在使用互联网，正因此，他们也会受到来自各行各业各种不同思潮的诱惑与影响，这对在世界观、人生观、价值观形成关键时期的他们而言，是一把双刃剑。如果能够产生社会主义核心价值观等正面价值观的作用，将会利于团员青年成长成才，但是如果产生负面价值观的作用，将会阻碍广大团员青年成长成才，影响“两个一百年”的奋斗目标的实现，影响中国特色社会主义事业的建设。

（二）抵御西方思想“新诱惑”

市场经济中的利益至上和不正当竞争关系也在渐渐地影响着高校学生，具体表现为：第一，拜金主义的侵蚀。社会一切经济行为都以利润为根本目的，资本对金钱的追求永无止境，但这种经济性只能适用于经济领域，不能横移到社会非经济领域，更不能适用于高校学生的日常生活。部分大学生面对金钱的诱惑缺乏足够的自制力，在面对现实财富时往往选择与之共舞，放弃了追逐的梦想甚至走上犯罪的道路。第二，利己主义的影响。对外开放和市场经济的不断发展，不仅为社会引入了强大的经济发展力，也使部分有害思想趁机而入，利己主义便是其中较为典型的代表。西方的个人主义思想认为人的本性深处是“恶”的，提倡个人的一切都要从自我这个中心出发，尽力满足自己的需求。[①]个人主义在市场经济的影响下转化为利己主义，追求自身在经济上的成就，反对集体主义，不愿为团队作出贡献，更不愿加入组织为他人服务。第三，新自由主义思潮泛滥。新自由主义思潮在中国宣扬自由化、私有化、全盘西化[②]，这对青年群体来说具有极大的蒙骗性，如果对历史和现实不了解，盲目相信西方思想，最终极有可能走向与社会发展相反的方向。

---

① 杨婷.个人主义思想对当代大学生价值取向的影响研究[D].太原：中北大学，2013.

② 王静.当代西方社会思潮对大学生价值观的影响及对策研究[D].石家庄：河北师范大学，2015.

二、高校共青团体制机制改革创新的内部动力

面对社会转型，任何政治组织都会有一定的应对措施，其中包括推动自身组织形态发展、优化组织结构、创新工作方法等。对这些政治组织来说，要推进组织发展，首先必须明确自身的职能定位，否则就有可能受挫，重则使组织性质发生变化，导致组织衰亡或变为其他性质的组织；轻则使组织发展脱离现实，导致组织功能无法有效实现。随着改革开放的深入和社会主义市场经济体制的建立与完善，中国社会发生了深刻的转型，也同样需要共青团作出回应，并推动自身组织发展。为此，明确社会转型条件下的职能定位及其实现途径，就成为共青团必须面对的一项任务。①

（一）提升工作效率的现实需要

传统工作方式对青年的吸引力减弱。共青团传统工作方式的最大特点就是群众性、运动式和活动化。工作推进主要依赖党政关系，重点在体制内单位，组织关系明确，运作方式行政化、机关化。思想教育更多强调正面灌输和规范教育，以引导青年去追求共同利益和终极利益为目标取向。在计划经济时代，这样的工作模式行之有效，赢得了广大青年的支持，共青团也因此成为国家政权的坚强支撑。②然而，随着时代的发展，中国青年也乘着改革的东风与世界频繁交流，传统的工作模式降低了共青团在新时代的战斗力。青年们不再满足于课堂式的思想灌输，对共青团举办的一些活动或项目不再充满热情，部分青年甚至对共青团的思想教育都持有怀疑态度。这其中的原因有很多，如部分高校共青团机构设置过于简化，人员配置不科学；工作任务不明晰，工作职责不到位；直接联系、服务、引领青年师生不主动、不积极，甚至存在工作脱离青年团员、活动脱离学生实际的现象，部分共青团活动表面化、形式化、娱乐化、庸俗化。③但其中的核心是一致的，

① 郑长忠，袁罡.社会转型期共青团职能定位与实现途径研究[J].中国青年研究，2008(3):33.

② 曹彦鹏.当前共青团工作面临的问题与对策初探[J].青年探索，2007(1):54.

③ 吴保军，黄伟.新形势下加强和改进高校共青团工作的对策研究[J].黄冈职业技术学院学报，2020，22(1):35.

即对共青团建设的不重视，对高校学生思想引领工作的不重视，对国家发展前途的不重视。

（二）扩大共青团影响力的要求

高校共青团作为接受校党委和上级团委双重领导的机构，其工作应从源头上思考共青团工作的主责，即做好思想政治工作，让青年人信任党、跟党走，最终为党的事业培养建设者和接班人。随着社会的深刻变革以及形势的不断发展，关于共青团调整、改革、创新的呼声不绝于耳，已然成为改革开放后共青团建设的核心话题。特别是近年来，团的工作对象"高端化"、工作方式"行政化"、工作内容"娱乐化"、工作载体"格式化"的现象日益凸显，逐步导致团员的政治意识、先进意识和模范意识有所减弱，团员对普通青年的影响有所减弱，共青团的吸引力和凝聚力有所减弱。这些现象的不断蔓延，影响和制约了共青团的建设和发展。[①]其中，行政化现象最为突出。在工作理念上注重"取悦"上级领导，一些团干部特别注重在第一时间传达上级的指示精神，并大张旗鼓地加以落实[②]，对于学生的实际情况不加考虑，在具体操作中没有因地制宜，只是上级领导的"传话筒"。冯文彬早在1940年就要求青年工作既不脱离政治任务和目的，又能以青年乐意的方式和方法去团结广大青年。[③]以行政化和封闭化的手段推进团的工作，无法团结青年和整合青年力量，更无法完成教育青年、为党组织培养后备人才的重要任务。

---

① 张华.中国共产主义青年团职能研究[M].北京：人民出版社，2013:9.

② 刘宏森."四化"阻碍共青团"三性"发挥的内在逻辑[J].中国青年社会科学，2017,36(2):89.

③ 刘宏森."四化"阻碍共青团"三性"发挥的内在逻辑[J].中国青年社会科学，2017,36(2):89.

第二节　高校共青团组织结构创新需要

一、党对高校共青团组织结构创新的要求

社会组织结构的本质在于它同社会的功能联系，即任何社会组织的结构都应该具有满足社会需要的能力，要与社会的现实需求相匹配。高校共青团作为一个社会组织，其内部结构应该有以下几个要素：较为健全的组织网络、满足社会需求的组织形态、具有活力的基层组织、拥有高度价值认同的组织成员等。高校共青团作为执政党青年组织的重要组成部分，其社会功能不仅服从于党的宏观指向，而且服务于社会的现实需求。换句话说，我国高校共青团应当紧跟党确定的政治方向、发展战略，在精准识别社会需要的前提下，发挥好助手和后备军的关键作用。在这样的职能定位要求之下，高校共青团组织结构的有效支撑以及组织内部的有效运作就成为关键要素。

随着高校青年数量的不断增加以及高校共青团联系的群众范围不断扩大，以班级、年级团支部组成的传统组织结构已不能满足现实工作需要，难以将工作覆盖到每个高校青年和其他社会成员，探索新的高校共青团组织结构已十分必要。这就要求高校共青团在加强组织结构创新时不仅要保证原有高校团组织的活力不减，而且要不断探索组织结构变革，不断尝试丰富组织设置、扩大组织覆盖面，探索新型高校团建模式，建立高灵活性、高延展力的高校共青团组织结构体系，以实现高校共青团组织对青年大学生乃至社会其他成员的多重覆盖，从而提升自身能力，更好地服务于党的发展战略。①总的来说，党对高校共青团组织结构创新的要求包括以下几点。

（一）紧跟党的变革步伐，积极呼应党的战略期待

高校共青团作为中国共产党联系广大高校青年的制度性组织，其对党的时代性、政策性要求的回应应当具备积极性和及时性。党的十八大以来，党中央用彻

① 邱春新，胡晔高，熊吉生.现行高校共青团基层组织结构的思考[J].江西省团校学报，2004(3)：12.

底的自我革命精神不断深入推进全面从严治党，党在这种革命性锻造中变得越来越坚强。因此，新时代下的高校共青团要坚持向党看齐，在组织结构创新方面以自我革命精神不断深化改革，通过组织结构创新提升自身组织能力。一方面，共青团承担"党的助手和后备军"的角色，同样有纯洁性与先进性的要求，同样应当勇于自我革命；另一方面，为了适应随着发展不断变得复杂的社会环境以及满足新时代下群众新的社会需求，高校共青团应当进行自身改革。因此，共青团勇于自我革命，应当顺应时代潮流，关注现实社会需要，按照党中央要求逐步深入推进自身改革，真正从组织结构创新方面找到突破口，创新组织形态，使共青团组织不断适应新时代和新社会的要求，紧跟党走在时代前列、走在青年前列。①

（二）继续探索在党的领导下独立、具体地进行组织运作

早在1949年1月1日，中共中央正式发布的《关于建立新民主主义青年团的决议》就指出："中国新民主主义青年团在政治上接受中国共产党的领导，但在组织上应当保持自己的独立系统，党无权直接命令青年团。青年团内的党员，必须服从党的一切决议，并以不疲倦的说服教育工作和自己的模范行动，来巩固党在青年团中的领导。"②因此，高校共青团作为共青团的主要组成部分，也应该探索如何从组织结构上改革，以更好地独立、具体地进行组织运作。换而言之，通过改革高校共青团的职能和优化高校共青团的机构，来实现高校共青团工作力量向基层下沉，这仅仅是高校共青团改革工作的一部分，其改革目标应当通过其工作制度和运作模式的转变来实现。高校共青团改革只有从物理改革转向化学改革，才可能真正激发创造力，实现真正的创新。

实际上，高校共青团坚持党的领导，本质上相当于坚持各级党委的领导。然而，在市场经济条件下实现治理体系和治理能力现代化，由于治理事务涉及的范围广泛且治理环境多变，特别要求党政各部门明确自身定位，依法依规厘清职能

---

① 胡献忠.现代化进程中共青团的政治定位、功能开发与组织重构[J].中国青年研究，2017(7)：32.

② 李玉琦.新中国共青团工作的基石——重温《中共中央关于建立新民主主义青年团的决议》[EB/OL].(2014-05-27)[2022-11-01].https://www.dswxyjy.org.cn/n1/2019/0621/c423733-31173745.html.

边界，在自身的职责范围内各司其职。但对高校共青团而言，其很大一部分工作的对象已经拓展到体制之外，延伸至社区、街道、社会团体等基层组织。由于高校共青团的自身组织结构的建构处于体制之内，其需要有较高程度的外展力和灵活性，才可能实现有效地联系群众、号召群众、影响群众。现实情况是，以科层组织结构为主的高校共青团组织结构带来的体制性嵌入，造成了高校共青团地位的依附性，党政领导的行政化思维也使党政部门在潜意识下把高校共青团当成下属部门。因此，在具体事务运作以及激发基层的活力上，高校共青团的空间由于组织结构的约束并没有得到较高程度的开发和拓展，其很多时候被一些其他的行政事务所裹挟，党政部门的工作与高校共青团的工作还没有形成各展其能、各得其所的良性互动。[①]因此，还需要以国家治理体系和治理能力现代化为目标，大力加强高校共青团组织结构创新探索，让高校共青团在党的领导下独立、具体地进行组织运作，以此激发高校共青团工作的创造力和组织活力。

（三）不忘初心，坚持立德树人的核心使命

2021年，共青团中央印发的《共青团深入学习贯彻党的十九届五中全会精神在全面建设社会主义现代化国家新征程中组织动员广大团员青年建功立业的行动纲要》明确指出："当代青少年的人生与我国实现第二个百年奋斗目标进程高度契合，团员青年是实现'十四五'规划目标任务的生力军。当好这个生力军，首先就要坚定中国特色社会主义理想信念，建立为党和人民事业不懈奋斗的思想基础。全团要聚焦为党育人的主责主业，提升思想政治引领的覆盖面和实效性，努力把亿万青少年凝聚到全面建设社会主义现代化国家的时代洪流中。"高校共青团作为我国共青团的重要组成部分，在进行组织结构创新的过程中，必须始终坚持立德树人根本任务，重心始终坚持放在对高校青少年的思想政治引领以及强化理想信念的基础上，努力构建符合时代要求和时代课题的高校共青团组织结构，从而更好地凝聚青年，组织和服务青年，锻炼和培养青年，为我国的社会主义现代化建设培养合格的建设者和接班人。

---

① 胡献忠.现代化进程中共青团的政治定位、功能开发与组织重构[J].中国青年研究，2017(7)：34.

二、高校共青团组织结构创新的动力

高校共青团作为具有自身特点的群众性组织，是展现我国共青团理念以及培养社会主义合格建设者和接班人的重要阵地，是对学生进行思想引领的重要支撑。在新的历史时期与社会状态的影响下，伴随信息时代的到来，数字化技术改变了人与人、人与物之间的连接方式，降低了信息不对称程度，改变了信息的搜寻与匹配范式[①]，使高校共青团的组织结构建设受到了一定的冲击和影响，原有的组织结构无法适应新的时代要求和培养符合社会主义现代化建设需要的青年人才。组织边界有待延伸，组织结构还需优化，管理体制和组织职能的作用发挥不足，人员构成单一，组织架构科学性还有待增强，这些问题都加大了高校共青团组织工作开展的难度，因此建立一个有利于信息沟通和信息共享、结构合理、功能健全、运行完善、人员构成多元化和架构科学的高校共青团组织结构尤为必要。

（一）信息技术促使高校共青团结构优化

在传统的高校共青团组织结构中，由于组织结构的闭塞和不合理，组织结构的边界过于“清晰”和“钢化”，信息接收和处理的来源与方式可能过于单一和滞后，导致某些高校团组织在对外的交流和沟通上存在困难，这不利于团组织活动的宣传和开展。某些学生甚至可能不知道自己的学校中存在着共青团，也不知道其开展了哪些项目和活动，不知道具体怎样参与这些项目和活动，这种情况不利于高校共青团人才的吸引和培养，也不利于高校共青团组织结构的更新和升级。但是，在现有的发展形势下，我们必须认识到，网络资源和信息技术的普及已经成为势不可挡的一种趋势。美国学者乔纳森将网络中的资源流分为三种类型：符号的、物质的和情感的，即在社会世界中使自然人、位置以及法人行动者发生关系的是符号流（信息、观念、价值、规范、消息等）、物质流（物质事物，也可能是符号，比如用金钱可以换取物质事物）、情感流（赞赏、尊敬、喜欢、高兴等）。[②]只有拥抱网

---

① 孟方琳，汪遵瑛，赵袁军，等．数字经济生态系统的运行机理与演化[J]．宏观经济管理，2020(2)：56．

② 乔纳森·H.特纳．社会学理论的结构[M]．邱泽奇，张茂元，等译．北京：华夏出版社，2006：477．

络信息资源，更新和升级高校共青团的组织结构，适当“软化”，我们才能建立起高校共青团组织与外界沟通的桥梁和纽带，才能深化高校共青团与其他团组织以及成员的联系，从而促进自身的发展。

（二）激励高校共青团干部干事创业的需要

首先，团学组织干部或团支部委员是高校共青团组织管理和运作的重要组成人员，但在实际的运行过程中，由于其组织内部管理体制比较松散和缺乏运行的规范性，再加上极少数学生干部思想意识有待提高，个人主义表现比较突出，极少数学生只是把进入共青团组织看作其丰富履历或者评优评奖的一种踏板。另外，由于高校共青团所面向的服务对象来自各个地方，其个人能力和基本素质也存在差异，再加上高校学生具有较强的个人意识，对工作利弊具有较强的判断意识，其对部分工作的开展往往较为“挑剔”。某些高校共青团组织成员的积极性不高，团组织活动开展进程缓慢和效率低下，一定程度上导致了高校共青团组织的凝聚力和工作执行力下降。其次，许多高校共青团在新老成员的更替上还有待改善，包括各种资料档案的转接，以及对下一任核心成员的培养，这一方面的问题常使高校共青团的工作在某一段时间内无法保持连续性。另外，在实际工作当中，很多高校共青团学生骨干不知道如何管理高校共青团，如何带动高校共青团，如何使高校共青团持续运行下去。产生以上问题的重要原因是这些共青团学生骨干缺乏对高校共青团工作性质及其特征要求的深刻理解，他们不管是在能力上还是在思想准备上离高校共青团的要求都还有一定的距离。这在一定程度上阻碍了高校共青团工作的顺利开展，容易导致组织职能难以稳定发挥。

（三）增强高校共青团干部队伍职业认同的需要

高校共青团组织的工作开展具有多样性，但是受限于传统团组织结构模式，在单一成员构成的影响下，加上高校共青团在人员的选拔上过于固化，在实际的运行过程中，工作活动的延续性不高，工作领域的覆盖面有限，这不利于高校共青团组织职能的有效发挥。另外，由于各基层团支部团干部任期时间较短，很容易带来工作的短期效应。往往上一届领导班子启动了一个活动，下一届没有跟进，到了实质性的阶段又缺少各方的支持和关注，导致高校共青团所开展的各项工作活动质量不高，也降低了基层共青团组织的活力。这样一来，造成了不少团员青年对共青团活动的不信任，也让不少参与者失去了继续参与的热情和信心。一年一个新活动、新提法，忽视了活动在青年学生中的影响力，造成了青年学生被动参与的现实，降低了青年学生对高校共青团组织的认可度。为了破除这一困境和难题，在高校共青团组织结构创新的过程中，必须重视组织队伍建设，组建一支包含团支部、社团、学生会等在内的多元组织队伍，在完善高校共青团人才培养队伍的基础上，注重培养团干部自身的思想品德、创新精神和实践能力，加强对团组织成员的识别和选拔，以此增强高校共青团组织架构的科学性和合理性，进而提高高校共青团组织活动开展的有效性、延续性和创新性，争取开展带有高校共青团组织特色的优质活动。

第三节 高校共青团工作方式创新需要

高校共青团是共产主义青年团在高校中设立的青年大学生基层群众组织，是团结教育高等学校内广大青年师生的核心力量，其主要任务是在中国共产党的基本路线指引下，以共产主义精神教育团员，配合学校行政，在学生中开展以创“三好”为目标，以学习为中心的活动。在其工作职责上，高校共青团应接受上级团组织和高校党组织的领导。改革开放后，随着知识经济时代的发展，高等学校在促使青年学生全面发展的过程中发挥着十分重要的作用。从组织系统、人才资源和发展环境资源等方面来看，高校共青团具备先进的优势，同时也是培养青年大学生社会实践创新能力的重要力量。高校共青团处于培养人、塑造人的前沿阵地和关键节点，既有组织体系健全、工作时空集中等优势，也面临着许多新的挑战。[①]青年正处于人生中形成正确的世界观、人生观、价值观的关键阶段，在数字时代的信息膨胀、多元思想的碰撞下，作为党领导的先进青年组织，如何在新时代背景下创新工作方式，是高校共青团值得思考的问题。

一、党对高校共青团工作方式创新的要求

党的十八大以来，尤其是党的十九大以来，党中央高度重视团的组织建设工作，强调“必须把群团组织建设得更加充满活力、更加坚强有力，使之成为推动国家治理体系和治理能力现代化的重要力量”[②]。为响应党中央的号召，满足青年大学生多样化需求，高校共青团需改进传统工作方式，以适应社会发展的趋势，提升服务青年群体的工作能力。

（一）构建分层分类工作体系

2016年，共青团中央、教育部联合印发的《高校共青团改革实施方案》指出，高

① 刘刚.高校共青团要牢牢把握“一个核心、两个根本”[EB/OL].(2007-07-30)[2021-05-01].http://news.youth.cn/gn/202007/t20200730_12429781.htm.

② 杨林.立德树人 同心同向扎实推进高校共青团改革[EB/OL].(2016-12-22)[2021-05-01].http://pinglun.youth.cn/zqsp/201612/t20161222_8974452.htm.

校共青团应遵循青年学生成长和思想教育引导的客观规律，改革创新思想引领工作，面向不同类型学校、不同阶段学生、不同精神需求的目标、内容和方法，构建分层分类一体化工作体系。高校共青团紧密围绕党的中心任务，贯彻党的教育方针，针对青年学生的特点和兴趣开展教育活动，引导广大青年学子积极投身于社会主义现代化建设的实践中。为深化共青团改革，提升共青团工作引领的科学性和精准度，高校共青团应结合自身教育特点，细化学生分类，针对不同学生群体特点开展分层分类的宣传与实践活动，鼓励青年学生树立理想与信仰，追求实现人生价值和创造社会价值。具体来讲，高校共青团要围绕思想政治和价值引领，围绕立德树人根本任务，根据青年学生成长规律和思想教育的客观规律，遵循学生发展需求，注重理论教育和实践活动相结合，针对不同群体、不同学生的具体问题，以不同对象为基础，投放具有针对性的教育产品，创新共青团思想工作引领的方式方法，提高共青团工作的针对性和实效性。[①]

（二）融入大局做好网络育人

高校共青团以融入学生为生命所依、职责所在。习近平总书记在全国高校思想政治工作会议上指出："要坚持把立德树人作为中心环节，把思想政治工作贯穿教育教学全过程，实现全程育人、全方位育人，努力开创我国高等教育事业发展新局面。""办好我国高校，办出世界一流大学，必须牢牢抓住全面提高人才培养能力这个核心点，并以此来带动高校其他工作。"[②]可见，人才培养在高校工作中的地位逐渐提高，受到各级学校各部门的高度重视。虽然共青团是学校教育人才培养工作的辅助力量，却有着不可替代的作用，有着带动性强、辐射面广的特点。基于此，高校共青团应明确自身定位，融入高校人才培养中，关注学校工作重点，结合学生需要，找准自身定位，搭建特色，竭尽所能做优做好。在开展工作时应注意，随着网络的发展，当代大学生深处网络之中，网络不仅是他们的生活空间，也是他们的学习空间，塑造着他们的思维方式和行为习惯。因此，高校共青团必须跟随

① 王艳．新时代高校共青团如何加强和改进大学生思想引领工作[N]．湖南日报，2017-12-16(5)．

② 严双贤，赵佳莉．全面提高高校人才培养能力[N]．人民日报，2016-12-09(1)．

时势潮流发展，努力推进线上线下工作方式一体化发展。更为重要的是，网络不仅是一种工具，它也是传播思想、引领价值体系的重要阵地。高校团组织应发展网络课堂，以线上线下双维的方式使团组织工作富有生机与活力。

（三）紧密融入青年学生生活

高校共青团是联系青年大学生的群众组织，其影响力和生命力在于是否能够取得广大青年的拥护与支持。一旦脱离青年，高校共青团便失去了活力和影响力。因而，高校共青团工作必须紧密融入青年学生的生活学习中。但在现实中，我们可以看到，尽管高校共青团的工作及工作方式比较积极活跃，但还是暴露出团学组织与学生学习生活脱节的现象。如果团组织工作无法融入青年学生生活中，团组织在思想和教育上就更难以引领广大青年学子。从组织来看，高校团组织的团干部组成成员大部分也是学生，团组织工作本就落实在广大学生生活之中，必须坚持从学生中来、到学生中去，真正将“以学生为中心”的工作理念落细落小落实。[①]为此，高校共青团在工作方式上要做到与青年学子良性互动，根据青年学子的兴趣与爱好，广泛开展特色教育宣传活动，将情理贯穿于思想政治工作之中，真正贴近学生生活，体察实情，帮助解决学生难题，使高校共青团成为广大学生相信的、坚实可靠的组织。

二、高校共青团工作方式创新的内部动力

新时代呼唤新作为，对高校共青团工作更是如此。在开展各类教育宣传活动的过程中，部分高校共青团常热衷于追求对各种显性指标的积累和量化，形式化的活动搞得多，“下小雨湿地皮”的工作多，工作偏向见效快、短视化的“活动取向”，而没有时间和精力去做那些效果可能不那么显性的，但是需要“深耕细作”“培基固本”的基础性、持久性工作。高校基层团组织建设必须摒弃活动思维，强化系统思维，注重挖掘、提炼、推广基层一线的典型做法和经验成果，并通过制度形式进行固化，真正构建起基层团组织建设常态化、基础性、内生式的运行机制。

① 刘刚.高校共青团要牢牢把握“一个核心、两个根本”[EB/OL].(2020-07-30)[2021-05-01].http://news.youth.cn/gn/202007/t20200730_12429781.htm.

(一)提升思想引领实效性的需要

高校基层团组织存在一个“致命”的问题,就是工作过于形式化,不注重思想建设,导致一些团支部、团干部对组织成员进行的思想教育停留在表面说教,不仅不能得到理想的反馈效果,还可能造成青年学生对团工作产生一定的厌恶情绪,甚至使整个团支部成员意志消沉,而组织意识的缺乏又使团支部的团结力大大减弱。改革需要工作思想的引领。在改革中,部分高校由于极少数团干部缺乏对青年群体引领工作的正确思想认识,对改革的背景、要求及目标导向认识不到位,缺乏改革的主观能动性,弱化了改革的实践效果。因此,需要重视对改革的思想认识。首先,改革是一个动词,是一个过程,高校共青团在改革中的思想认识欠缺,思想引领不到位,弱化了改革过程中的主动性;其次,共青团在改革后的职能构建中,缺乏职能引导力,职能的弱化成为进一步深化改革的主要困境,也没有完成改革应注重职能的“重塑”的要求;再次,校团委在改革中,缺乏改革整体思维,改革进程缓慢、实效性欠缺,这在很大程度上,都更加强调需要改革思维的进一步形成。

我国虽然已经建立了社会主义民主,踏上了社会主义发展道路,日渐完善了社会主义市场经济体制,党的执政地位也具有深厚的群众基础,但我国正处在经济结构转型的关键时期,社会主义市场经济模式虽然给我们带来了经济的快速发展,改善了人们的生活,但也带来了许多问题,经济指标作为社会发展的重要标准,对社会主义的社会治理和思想引领方面产生了巨大冲击,各种腐败、享乐思想在一定程度上蔓延。近些年来,社会快速发展的过程中出现了某些负面事件与负面现象,对处于价值观塑造期的大学生来说,由于其接受能力较弱,这可能使他们对理想信念和社会发展产生困惑或怀疑,从而降低了共青团对高校学生思想引领工作的实效。此外,部分高校共青团在工作中未能做到与时俱进,单纯注重形式上的工作,忽视了对青年学生辨别与理解能力的培养和塑造,这也降低了共青团工作对学生思想引导的有效性。同时,一些网络媒体的价值体系与社会负能量的冲击,也影响了高校共青团工作实施的效果。因此,高校共青团应该认真思考如何以高效的工作方式引导学生正确、辩证地认识社会。

（二）优化带动青年学生方式的需要

在高校各部门中高校共青团是最接近和最易融入学生学习与生活的团体组织，也是易受大学生欢迎的群体组织。高校共青团通过广泛开展课外实践活动，如科技创新、素质拓展、职业规划、创业指导、合唱比赛、歌手大赛、选秀、演讲、团日答辩、团支部评比等，力争寓教于乐，把思想政治教育融入多姿多彩的活动之中。但事实上，部分高校在组织各种团的活动时，更多的是完成上级领导交代的重要任务，未切合学生实际需求，未注重动员青年群体的广泛参与，存在着重娱轻教、实效性不强和内容不适宜的问题，甚至把团的工作变成与个人利益挂钩，未充分调动学生的积极性，有悖于团组织活动的教育活动。这些情况严重偏离了高校共青团工作的本意，导致大部分的普通团员对团的活动热情不高。由于高校共青团组织在部分工作上没有走在青年的前列，这就使团组织无法更好地把握青年的思想，对青年的吸引力和凝聚力不够。

此外，迅速发展的信息技术催生出的新的表达方式和动员方式，为高校共青团组织青年带来了更大难度。移动互联网的开放性、自由性、低门槛、零成本正吸引着众多青年，使网络思想意识表达愈发多元化。青年学生可以通过微信、微博等新媒体平台随性地表达思想观点、意愿和诉求，在一定程度上推动着民主化进程，但同时也制造了一些事与愿违的“麻烦”。互联网快速便捷的动员方式，使青年因兴趣相投相交，导致以往的组织动员方式发生了重大变化。新时期大学生的课后生活大多数以网络交流为主，但网络空间的纷繁复杂也在冲击着青年学生的心理。随着学分制的实施和弹性学制的推行，高校中出现了各种新的教学群体，大学生的课余活动也因此更多地向社团化发展。在这种形势下，传统的工作动员模式已经不能吸引当代大学生的注意力，如果不创新工作模式，势必会造成团工作覆盖面缩小或有效性不强等问题。

（三）完善高校共青团职能的需要

高校共青团职能的转变要求团组织要增强服务职能，保障服务水平，以更好地满足新时期青年大学生的多样化发展需求。当前，高校共青团的改革视域狭窄，存在着职能转变不到位的问题。首先，服务职能存在短板，未提供精准的服务保障。例如在职业规划、创新创业方面，精细全面的服务水平有待提高。其次，缺乏服务模式的创新。传统单一的职能服务模式，难以满足当前青年大学生的实际需求，如在就业引导、创新教育等方面，青年学生的需求较大，高校共青团服务内容与模式等方面，均有待改善。最后，职能转变是一个过程，需要循序渐进地推进，一些高校共青团急功近利的思想与行为影响了其职能转变与改革的实际成效。

共青团工作的实质上是联系青年群众。党的群团工作说到底就是党的群众工作，是党的各项事业的基础和根本。党的事业缺少了群众的参与，就无法实现。近年来，共青团工作脱离群众这个现象越来越严重，共青团改革就是为了加强同群众的联系。"去四化，强三性"就是为了贴近群众，从而更好地联系青年、服务群众。在"三性"中最重要的是"群众性"，最易被忽略的也是"群众性"。而实现"政治性、先进性"的前提是"群众性"。党的群团组织在政治性层面的工作主要体现在群团组织要引导群众学习党的各项方针政策，让群众听党话、跟党走。如果党的群团组织不具有"群众性"，没有群众基础，那么势必会影响到"政治性"工作的实现。党的群团组织的先进性体现在群团组织的奋斗目标与党的奋斗目标一致，而奋斗目标需要群团组织带领广大人民群众共同奋斗去实现。如果党的群团组织失去"群众性"，没有调动广大群众的积极性，那么"先进性"目标的实现也会大打折扣。高校共青团改革的核心就是增强"群众性"，调动青年学生参与积极性，发挥青年学生的主体作用。

第三章

体制机制创新：进一步完善坚强有力的高校共青团

第一节　高校共青团运行机制创新

高校共青团作为兼具思想性、政治性的先进青年的群团组织，面对环境和时代的新变化、新发展，如何正确调整自身运行机制以符合现实要求成为其重要挑战。例如，不断创新工作机制，拓宽工作内容、创新工作平台、改革工作方式和手段，完善管理制度，增强工作实效性等。因此，在新时代创新高校共青团运行机制，是适应新发展与变化的必然要求。

一、高校共青团运行机制创新原则

（一）坚持以《中国共产主义青年团章程》为基本遵循

《中国共产主义青年团章程》（以下简称《团章》）是全国各级共青团组织必须依照的总纲领，其明确规定了共青团的性质、使命以及组织建设的原则与要求。因此，高校共青团运行机制的创新必须以《团章》为基本遵循，在《团章》的指导下开展创新工作。

《团章》对当代中国青年的特点进行了准确把握，明确提出了中国共青团在新时代的基本任务和要求。具体而言，《团章》提出团的建设要有正确的政治方向，即坚持党的基本路线不动摇；要有基本工作思路，即坚持党建带团建；要有基本方法，即坚持先进性与群众性的统一；要有基本出发点、落脚点，即坚持竭诚服务青年；要有组织原则，即坚持民主集中制；要有工作重心，即坚持不懈抓好基层建设。[①]由此，《团章》对团的建设的基本要求就成为新时代创新高校共青团运行机制的基本依据与行动指南。

从根本而言，在新时代创新高校共青团运行机制就是依据《团章》对团组织提出的基本任务和要求，针对高校共青团运行机制存在的弊病，不断进行革新和完善，从而更好地实现中国共产主义青年团的历史使命和时代要求，在这一过程中充分体现《团章》所规定的共青团的组织性质。因此，必须将《团章》作为高校共青团运行机制创新与发展的基本遵循与行动指南。

① 共青团中央．中国共产主义青年团章程[M]．北京：中国青年出版社，2013：7-8.

(二)坚持以青年学生为服务之本

共青团是党的助手和后备军,是党联系广大青年的桥梁和纽带。全国各级共青团组织始终跟随党的脚步,按照党的要求展开团组织工作。中国共青团作为青年工作的先锋组织,其基本职能是组织、教育、引导以及服务广大青年,切实维护广大青年的切身利益。但是,全国共青团的不同组织层级,在具体工作任务与职能履行上应该各有侧重点。高校是全国共青团战线的重要阵地,高校共青团工作必须紧紧抓住培养德智体美劳全面发展的社会主义建设者和接班人这一要点展开。

具体而言,高校共青团的任务有以下几点。第一是引领大学生思想,积极引导青年大学生树立正确的世界观、人生观、价值观,培养一大批思想纯洁、信念坚定的青年马克思主义者,培养一大批合格的、优秀的中国特色社会主义事业建设者和接班人。第二是联系、服务大学生,高校团组织应该深入广大青年大学生群体,针对学生在成长成才过程中遇到的困难与问题,向他们提供确实有效的指导与帮助,为广大学生成长成才创造有利条件、提供优质服务。高校共青团运行机制的创新必须紧扣上述使命与任务,力求全面、有效地实现团组织目标。

(三)坚持以规范高效为基本标准

高校共青团运行机制创新的根本目的是推动高校团组织更加尽职尽责地实现自身使命,即服务广大青年大学生。但是,这种创新的前提首先应该是合规的、有序的,即摒弃以往一味追求效率的做法,推动团组织运行机制的创新工作运行在正常轨道上。换而言之,高校共青团的运行机制应该置于制度化管理的框架之下,这也是团组织制度化管理的必然的结果。具体而言,高校共青团组织的机构分工、组织权责划分、人员配备、运作程序、目标使命的确定与实现等都要在统一规范的组织框架内进行,进而实现组织运作的规范性、有序性。

在规范的前提下,高校共青团运行机制创新还要以高效运行为基本标准。高效的团组织运行机制能够根据所处环境、工作条件以及工作对象的变化进行适宜调整,从而尽可能地达到预期的工作效果、实现预定的工作目标。同时,高效还意味着工作方式途径的灵活,比如根据工作需要选择合适的工作阵地,根据时代特点选择适合大学生兴趣、行为方式的工作载体，或是根据不同学校甚至不同二级学院的基本情况进行团的基层组织设置。总之，规范与高效作为高校共青团运行机制创新的基本标准，应该融入高校团组织运行机制创新的各个环节。①

二、高校共青团领导体制创新

高校共青团作为面向青年大学生的基层组织机构，具有一种双重领导体制，即既受同级党组织领导，同时也受团的上级组织领导。高校共青团发展得如何，关键还要看其领导体制是否适应高校共青团的实际工作。改进和完善领导体制要坚持“端本正源”，从源头上端正高校共青团改革发展的方向，这是稳步推进高校共青团各项改革的根本保证。

（一）高校共青团领导体制创新的意涵

领导体制是组织内部领导关系与领导方法的总和。改进与完善高校共青团工作机制的关键环节就是要创新高校共青团的领导体制。但是，高校共青团的领导体制有其特殊性，这种特殊性具体表现为：高校共青团既要接受团的上级组织的业务指导，又要接受同级的高校党组织的领导。

从本质上说，高校共青团的领导体制创新问题就是如何理顺领导关系，从而保障高校团组织获得稳固而可靠的党组织与团组织的领导支持，以及如何将团组织的服务理念、工作指令、政策意图贯彻实施的问题。因此，高校团组织不但要争取同级党组织的积极领导和全力支持，还要积极获取上级团组织的业务支持与指导。就此而言，高校团组织运行机制创新的重点，就是获得同级高校党委与上级团组织的共同支持，以有效开展团组织的改革工作。

（二）高校共青团领导体制创新的必要性

当前，高校共青团的领导体制存在的问题主要是同级的高校党组织对团组织的领导规范尚待进一步健全，同时高校共青团、同级党组织以及上级团组织三者

① 廖保华．组织设计理论视野下高校共青团工作运行机制创新的研究[D]．湘潭：湘潭大学，2010.

之间相应的权、责、利与效率相统一的体制机制尚未明确与建立。这些问题在很大程度上对高校共青团工作的稳定性与持续性产生了影响。

在团中央大力推进全国共青团组织改革的大背景下，高校共青团所有工作的开展都必须以严格的制度规范为行动指南，通过制度管理各项事务，严格按规范办理事务，杜绝按照领导个人的意志行事、朝令夕改。虽然高校共青团的领导体制是双重领导体制，但在实际运行过程中，其上级的团组织往往只进行业务方面的相关指导，而同级的学校党组织才是高校共青团的直接领导。因此，高校共青团改革需要解决高校党组织对团组织工作领导和支持的制度化、规范化问题，才能从根源厘清高校共青团在领导体制上存在的症结，从而建立健全适应高校共青团工作开展的领导体制。

（三）高校共青团领导体制创新的路径

改革与创新高校共青团的领导体制，重要的一点就是要坚定“党建带团建”的工作思路，继续优化双重领导体制。具体而言，就是要坚持在组织上以高校同级党组织的领导为主，在业务上以上级团组织的领导为主的体制思路，竭力建立健全高校共青团工作的同级校党组织领导与行政支持、上级团组织指导支持的多方协作、双管齐下的领导体制。

第一，强化宏观领导。一是进一步强化团教协作。具体来说，就是在全国和省级层面，由共青团组织和教育部门共同成立高校共青团工作指导委员会，建立健全联席会议制度，加强工作统筹指导和督导。二是落实团中央学校部实行的“职能处室+专业中心+分类组织”的工作机构设置模式，继续加强对高等院校共青团组织的专业化统筹。三是充分发挥全国学校共青团研究中心的作用，加强对共青团工作的学术与实践研究，为共青团的发展提供理论思路与实践经验。四是充分利用团组织新媒体运营中心等专业化网络工作平台的传播、通信功能，形成分类型、分区域的高校共青团工作交流组织机制。五是从人、财、物、政策等层面，切实支持和鼓励高校团委按照思想引领、素质拓展、权益服务、组织提升等基本任务和要求，根据工作实际和制度规范合理设置和调整工作机构。

第二，优化微观设置。在微观的高校层面，一是要建立同级高校党委听取本校共青团工作汇报、探讨本校共青团工作重大问题的制度规范。二是要将高校各级党组织对共青团工作的支持具体细化到对团组织机构建设、人员配备以及经费拨付等具体事项的落实上，并将落实情况纳入高校各级党组织的党建与行政工作的考核指标体系中。三是高校各级团组织特别是校团委必须进一步强化与学校各党政职能部门、二级学院党总支或分党委之间的协调性，竭力促进高校共青团工作与各部门、各院系更为紧密的联结，努力把共青团工作融入高校党组织的工作安排与实际流程中。四是优化高校共青团的内部领导机制，即对注册类型的基层团组织，在完全承认与支持其主体地位、积极发挥其管理主体作用的基础上，一方面要加强对这类组织的业务指导，另一方面要加强对其工作绩效的考核评估；另外，对活动类型的基层团组织的领导，需要强化对其业务的指导与支持，以充分弥补团组织在联系、沟通大学生中的服务缝隙。

第三，落实改革政策。高校共青团领导体制的改进与完善，必须遵循共青团中央对全国共青团改革的总体布局，严格落实《高校共青团改革实施方案》的基本要求，竭力打造“一体两翼”的团建格局。具体而言，“体”就是以团组织为工作主干，“两翼”由学生会、研究生会以及学生社团组织构成，这种格局强调学联组织和学生社团积极发挥自身长处。与此同时，加强对学生社区和学生社团团建模式改革创新研究与实践探索，为未来的发展提供理论与经验指导。其中，关键是探究如何既能充分发挥传统团建的组织优势，又能充分发挥社区化、社团化的团组织优势。这种情况对每一位团员提出了新的要求，即团员需要演绎好双重角色：既要演绎好在所属班级团支部的身份，又要在所属社区或社团的团支部扮演好角色。

三、高校共青团干部工作创新

（一）高校共青团干部工作创新的意涵

共青团中央在2016年5月12日印发了《关于建立团干部直接联系青年制度的通知》文件，这一制度是团中央在新形势下推进共青团改革的重大部署，是解决团组织“机关化、行政化、贵族化、娱乐化”等一系列顽疾的关键改革措施，这也预示着共青团的工作理念、工作方式、工作机制将呈现出根本性的变化①。本节主要以“驻校蹲班”制度为例分析高校共青团干部工作创新。

为了进一步增进高校团组织干部与广大青年学生之间的联系交流，贯彻实施“三严三实”专题教育，在高校范围大力开展“大宣传大调研活动”“常态化下沉基层”“向基层服务对象报到”等活动的基础上，共青团中央决定进行“驻校蹲班”直接联系高校团支部和青年学生的活动。“驻校蹲班”是指共青团中央、省级以及地级市团委中负责高校共青团工作的专职团干部在保证其自身工作顺利进行的前提下，每年度至少连续15个工作日在高校“驻校蹲班”；而高校校级团委的每一名专职团干部每年至少与一个基层团支部直接联系、指导工作。②

（二）“驻校蹲班”制度的优势

“驻校蹲班”有其施行的独特优势。“驻校蹲班”的关键点在于“驻”和“蹲”二字，具体而言：一是具有周期完整性。一般情况下高校的教学活动是以周为单位的，专职团干部驻校一周以上，可以在一个比较完整的教学活动周期内切身感受与观察学生的学习生活情况。二是沟通具有广泛性。驻校专职团干部在相对完整的教学活动期间，有足够的时间与学校领导、教职员工以及各阶段学生进行充分的接触交流，这有助于其全面地掌握学校的教学活动情况。三是观察内容具有真实性。专职团干部通过“驻校蹲班”走进课堂、宿舍、食堂、活动室以及操场等，在不打扰学生的情况下，与其一起活动，通过切身融入学生的生活，可以真实地掌握学生的学习、生活以及健康娱乐等情况。四是这种体验具有直接性。专职团干部“驻校蹲班”的这种方式，可以避免形式主义，驻校期间不需要层层陪同，不需要干扰学校领导，也不是简单地依赖团委负责人进行报告，在这种方式下，驻校专职团干部绕过学校，直接进入团员学生中，与他们一起学习、一起吃饭、一起参加活动，这大大缩短了专职团干部了解学生的距离，使专职团干部对基层班级团支部的运行和学校团学的工作情况有比较透彻的了解，并且对青年团员学生的性情品行了解得更加深入。

① 如何开启“1+100”联系青年新模式[J].中国共青团，2016(7)：34.

② 共青团中央.学校共青团“驻校蹲班”活动实施办法(试行)[Z].2016.

（三）“驻校蹲班”的实施路径

在高校开展“驻校蹲班”活动，要始终抓住“凝聚青年、服务大局、当好桥梁、从严治团”四维工作架构的要旨，根据高校共青团总体改革的布局，着力落实5项工作任务。

第一，专职团干部直接联系、指导班级团支部。专职团干部在“驻校蹲班”期间需要选择一个班级作为直接联系点，真真切切地走进学生课堂、餐饮食堂、宿舍以及学校的运动娱乐场所，与所指导的班级同学一同进餐、参与活动，还可以加入学生课后的学习沟通中，深入了解高校学生的学习与生活状态以及他们在想什么和在做什么，了解他们的一切以更好地服务于他们。当然，专职团干部还要与所蹲点的班级团支部维持良好的关系并进行长期的交流，在此基础上履行好“团建指导员”的职责，与班级团支部协同协作计划，以及处理团支部的各种工作。

第二，“驻校蹲班”期间积极开展团课教学。专职团干部在驻校期间，应该开展至少一次面向师生的团学宣讲课，宣讲课的主题应该包含：习近平总书记系列重要讲话精神，党中央对共青团和青年工作的重要要求，中央党的群团工作会议精神和意见精神，共青团改革发展的各项任务，高校共青团重点工作要求以及青年学生成长学习的相关指导。还要开展面向青年学生的团员意识培养及相关的团史团情团务通识教育。

第三，善于结交青年师生朋友。专职团干部在“驻校蹲班”期间要积极与青年师生打交道，力求实现与100名以上的青年教师和学生成为朋友，这是一个艰巨而必要的任务。具体来说，专职团干部起码应该访谈20名以上非学生干部团员学生、20名以上学生干部以及10名以上青年教师，形成良好的长期沟通关系。此外，在驻校期间，专职团干部要特别注意困难学生以及有不良行为倾向的学生，主动关心他们，帮助他们。

第四，努力与学校做好沟通交流。专职团干部要积极深入地与高校党组织领导联系沟通，与高校相关部门或院系深切交流联系，竭力争取党组织领导以及各部门的支持，积极促进学校党组织听取学校共青团的工作报告，协作处理实际工作中遇到的困难，为学校共青团的工作营造积极的氛围。

第五，着力办实事以促进工作。各级共青团组织应该联系现实背景，通过“驻校蹲班”活动着力办实事，亲力服务基层、大力支持基层，为专职团干部联系高校提供不可或缺的组织资源和项目支撑。专职团干部在驻校期间，就社会主义核心价值观的培育践行，可以和学校团委协作开展一次专题教学活动。按照共青团全团和高校阵地的工作布局，结合高校的实际情况，可以抽取部分工作作为高校共青团的工作核心，着重跟进“活力提升”工程项目工作。专职团干部在“驻校蹲班”期间需要明确相关工作项目，要始终围绕及强化工作指导，在每年年底需要上交一份关于核心工作项目推动进程的汇总报告。另外，在外部要同时促进基层团组织与教育团工委、高校团组织加强彼此的联系，形成积极稳固的工作关系。

“驻校蹲班”制度的进一步发展与推进要从其实践的深度与广度两方面下功夫：一是在深度上下功夫，要对“驻校蹲班”制度的宗旨、实质内涵、实施形式进行更合理、更科学的优化。通过这种优化，专职团干部的每一次“驻校”与“蹲班”都怀揣着明确的任务与职责，使各期间的“驻校蹲班”活动形成体系，积累工作经验，防止每次的活动都简单地重复上次工作，避免形式主义。二是从广度上下功夫，在高校战线中逐渐扩大“驻校蹲班”制度施行的范围，逐步形成各级团学领导机关人员融入青年、服务青年的关键渠道，作为各级团学干部同志的必学课、硬任务、基本功，同样这也是各级团学干部防范与消解团机构“机关化、行政化、贵族化、娱乐化”的有力措施。[①]

① 李骥.“驻校蹲班”之“望闻问切”[J].中国共青团,2016(2):58.

第二节　高校共青团基层组织制度改革创新

高校共青团是全国共青团战线的主要构成,而高校共青团的基层组织作为整个高校团组织架构的根底,是贯彻落实高校共青团的具体工作任务和使命的组织依托。但是,在高校共青团实际运行过程中,基层组织的建设仍然存在不少问题。主要表现在:首先,是有相当一部分团员对其身份认知不足,一些团员很少甚至从未参加团组织的各种活动;其次,是某些团干部的思想觉悟欠缺,较少表现出作为团干部的先进性,在青年团员中未起到应有的模范带头作用;最后,是共青团的影响范围及力度有减小的趋势,团组织对广大青年学生的吸引力、影响力以及团战线的覆盖范围不足。针对高校共青团基层存在的这些顽疾,围绕《高校共青团改革实施方案》,高校共青团组织需要认真分析自身存在的问题,积极推动高校共青团基层组织改革创新,仔细研究基层组织的工作方式以及改善途径,对高校共青团传统的基层组织体制进行优化创新,从而真正发挥出共青团组织应有的培育学生的作用,在新形式背景下形成崭新的工作模式。

一、高校共青团基层组织改革原则

(一)基层组织改革的法治原则

在依法治国的大背景下,高校共青团基层组织改革同样需要坚持法治原则,从而运用科学的、客观的、系统的法治思维、法治手段,全方位、深层次地推进高校共青团基层组织制度的变革。

首先,"依法治团"的目标不是简单依据相关法律法规以及团的章程治理组织,这一口号的终极使命是实现团员及基层组织的"自治"。高校共青团的基层组织应该将团的法治文化培养纳入组织文化建设的重要工作中;在日常工作中,对各团支部团员以及团干部进行经常性法治教育,努力普及提升团员及团干部的法律认知,确立法治思维,最终形成浓厚的法治氛围。

其次,以民主理念进行管理,以人文关怀滋养法治。在组织法治化、制度化、标准化基础上,促进基层团组织的民主进程,逐步实现基层团务工作的"阳光化"。

同时促进“人文精神”与“法治精神”的融合，助力高校共青团基层组织法治建设，从而推动高校公正法治的教育大环境建设。

最后，促进法治与德治的结合。法律是外在的强制，道德是内心的自律，结合二者的各自优势，可以达到团员自我道德养成的目的，最终为中国特色社会主义事业造就一大批有德有才的建设者，同时这也是进行社会主义核心价值观培养的意义所指。①

（二）基层组织改革的差异原则

高校共青团基层组织改革的差异原则目的是使基层组织的建设更具“包容性”。高校共青团基层组织的创新应该紧密围绕现实，实现具有指向性、适用性、服务性的组织变革，从而使每个青年学生的个体差异都得到尊重与长足发展。

首先，在性情、爱好等方面，团组织应该对青年团员的个体爱好以及品性特征进行了解掌握，维护他们合理的个体差异，进而将团员品性爱好的个体差异与学校教育宗旨结合统一起来。在此基础上创建各种兴趣小组并搭建相应的平台以供其表现，努力在这种氛围中完成团员个体与团组织集体的融合。

其次，在专业技能差异方面，基层组织应该竭力将高校共青团的独有特征与专业院系的特色进行差异融合，打造各具特色的基层团组织品牌文化，并依托“第二课堂”这一渠道推动打造特色品牌。

最后，高校共青团基层组织的结构应该具有差异性。在仔细分析高校共青团组织的结构特点与优点的基础上，不妨将高校共青团基层组织的结构切割成两个部分，即学生自我管理与教师监管。在这种结构中，团员学生承担团组织各项日常工作的推进任务，教师提供行为监管。高校共青团基层组织只有承认团员的差异，发现这些差异的亮点，尊重与促进个体个性的发展，最终才可能成为具有“包容性”特征的高校共青团基层组织。

---

① 李青松，任静，廖聃宁等.基于群团改革背景下的高校共青团基层组织建设研究[J].青年时代，2017(6):152-153.

二、创新党领导下的团学组织格局

(一)创新党领导下的团学组织格局的意蕴

自2016年共青团中央与教育部联合出台《高校共青团改革实施方案》以来,“一心双环”被确定为高校团基层组织格局的基层管理模式。从此,这一模式正式在全国高校的各类学生社团组织中得到确定与推广落实。“一心双环”模式是团学组织布局的一种创新,但接受高校党委领导的大前提不会变。具体来说,“一心”明确的是高校共青团的地位,即在各种各样的学生社团组织中,团组织具有不可替代的中枢作用,处于团学组织的核心与枢纽位置。“双环”的第一环所指的是学生会组织,它是带领青年大学生实行自我服务、自我管理、自我教育、自我监督的最为关键的学生主体组织;第二环指学生社团以及其他有关的学生组织,它们主要表现为高校共青团工作力量的外围延伸手臂。①

(二)创新党领导下的团学组织格局的路径

不同的部门、组织都有其自身的职能定位,只有明确这一点才能各司其职、良性发展。就高校团组织而言,一方面,团委必须负责与执行对学生社团的管理职能,旨在为学生社团规范而健康的发展提供实质性的帮助与指导。另一方面,学生会组织要负责协同团组织工作,提高团组织对学生社团的指引、沟通与服务的力度。“一心双环”的具体构建措施包括以下几点。

第一,精准确定学生组织的地位。在“一心双环”组织格局模式下,高校学生社团的变革创新必须重新分析与思考其组织定位问题。首先,应该明确在高校中,党的领导是处于最优先地位的,主要对各种学生组织进行综合性管理,高校学生社团在其领导下开展各种工作活动。其次,将各级共青团组织作为核心组织,将各种学生会组织作为围绕在其四周的主体组织。在这种组织架构中,高校的学生社团以及其他各种学生组织变为关键枢纽以联结学生会和学校团委,在这种前提条件下,要保证高校党委对学生社团的引导,融合“宏观指导”与“部门培养”模式,保证高校学生社团可以自主、自由地投入各项工作活动的策划、筹备与运营中。

---

① 共青团中央,教育部.高校共青团改革实施方案[Z].2016.

第二，深化学生社团的政治性建设。高校共青团基层组织的改革必须把深化学生社团的政治性建设纳入高校学生组织管理的重要工作中。在高校共青团实际运行工作中，各类学生社团的负责人员必须清晰地领悟到，高校学生社团无论是在高校的改革建设中，还是在共青团的工作中都处于非常关键的位置。高校学生社团具有其存在的特殊意义，这种特殊性使这些学生群体有更多机会与共青团组织和学校党委进行沟通交流。在高校学生社团的改革创新中，深化学生社团的政治性建设，可以对学生社团组员进行思想政治教育和培养，让学生们在进行学生社团所开展的各项工作与活动时，自觉地以较高标准对自己的行为进行约束、对思想进行提升。

第三，整体革新学生社团的管理机制。因高校学生社团传统的组织管理方式存在保守、单一等问题，高校学生社团需对其运行管理机制进行变革、创新，形成全新的管理机制以适应新形势的需要。在这种背景下，学生社团管理机制的改进完善，不仅可以提高高校学生社团活动开展的效率与质量，还可以深化学校党委与团委对社团的领导。例如，高校可以通过优化学生社团开展活动的频率提高其活动的有效性，通过建立科学有效的运行机制，主动倾听学生社团组员们的观点与主张，增强社团的民主氛围，进而更加科学地制定社团的活动计划与工作任务。①

第四，探索科学的组织格局创新形式。在"一心双环"整体框架下，高校学生社团的变革推进工作，应该探索科学的改革模式。全力推动改革方案向实施计划转换，在高校学生社团工作中将科学的制度和措施落到实处，从而保障改革方案的具体措施切实成为高校学生社团的组织与活动改进优化的准则。共青团中央、教育部在2016年下发了《高校共青团改革实施方案》，共青团中央、教育部和全国学联在2017年下发了《学联学生会组织改革方案》，这些改革措施随即成为全国高校及其团学组织负责人对自身进行改革的基本依据，他们可以根据所在学校的具体情况，研究制定更具科学性的高校学生社团管理与运行办法。在各高校实际改革过程中，根据自身发展现状以及团学组织的运行情况，有的高校直接遵照上级

① 王菊秋."一心双环"组织格局下高校学生社团发展模式探究[J].中国校外教育，2019(12):35,45.

方案指示将改革落到实处，有的则在上级政策精神指导下，因地制宜地进行革新。这两种方式都起到了积极的效果，有效落实了“一心双环”组织格局创新要旨，为高校学生社团的更广阔发展走出了崭新的道路。

三、贯彻和优化团的代表大会制度

（一）贯彻和优化团的代表大会制度的意涵

高校团的代表大会制度是团学组织进行自我教育、自我管理、自我服务、自我监管的重要制度，是青年师生在大学校园参与社会主义民主政治的重要渠道，是确立高校团学组织合法性、权威性的根本和保障。改革主要内容包括：第一，贯彻落实校级和院系团的代表大会定期召开制度；第二，扩大团代表的代表性，增加基层团支部、非团学干部的团员学生和青年教职工的代表比例；第三，畅通团代表的参与渠道，推动实施团代表常任制、提案制以及大会发言制度，建立健全校级和院系团组织定期向团的常任代表汇报工作和听取意见建议的制度；第四，坚持团内民主，推行和落实基层团支部直接选举，鼓励有条件的校级和院系团组织在经党组织同意的提名人选中进行差额选举，以产生委员会成员和书记、副书记。①

（二）创新团的代表大会制度的必要性

首先，团的代表大会制度未得到充分的贯彻落实，原因之一是缺乏有效而广泛的宣传。宣传匮乏导致团代会的提案收集以及举行程序等重要消息不易传送至高校师生，这就导致相当一部分师生失去了提交提案的机会，甚至完全不知道代表大会已经召开，在这种情况下，青年师生的参与热情逐步下降。由此引起提案质量的降低以及对大会通过的提案执行力度与监督措施的缺乏，造成与青年师生利益密切相关的方案无法得到认真落实，最终陷入不信任、不了解、不关心的恶性循环。

其次，团的代表大会的代表席位覆盖不全面或某些群体代表人数偏低，导致相当一部分青年师生群体的利益没有得到表达，特别是大部分非团员干部在团的

① 共青团中央，教育部．高校共青团改革实施方案[Z].2016.

代表大会中没有相应的席位，这种情况会破坏团的代表大会的利益群体代表性。

再次，团的代表大会代表的选举存在非规范化问题，这在一定程度导致了民主表达渠道的不畅，这种方式选举产生的团代表无法真正代表广大青年师生的真实需求，往往只代表了少部分人的狭隘利益。

最后，高校团的代表大会制度在实际执行中的监督机制缺乏，以及不完善不规范的问题比较严重。主要是由于高校对青年师生事务的公开力度与范围不足，广大师生不了解需要监督的对象，另外，青年师生的参与度有限，导致他们不知道怎样进行有效监督。

(三)创新团的代表大会制度的措施

具体而言，落实和完善团的代表大会制度（简称“团代会”）的措施包括以下几点。[①]

第一，加大制度宣传力度。要切实实施好团的代表大会制度，高校共青团组织应该做到大会召开前进行全面宣传，大会举行时进行要点宣传，大会结束后进行重点宣传，促使全体青年师生对团的代表大会制度有深刻而全面的认知，并在此基础上明白团的代表大会制度的运行机制。具体来说，宣传策略包括：(1)大会召开前的全面宣传，主要是利用各班级向学生传达、发送大会宣传单，大会召开横幅以及微信公众号等方式，清晰表达大会征集提案以及选举大会代表等重要消息；(2)大会召开期间的要点宣传，主要是将大会召开期间的一切信息向学校公开，并利用网络视频技术以及书面报道等形式，使代表大会视听合一；(3)大会结束后的重点宣传，主要是通过以点带面的方式介绍大会成效，从不同角度诠释大会主题，并组织青年师生进一步学习，从而促进广大青年师生对团的代表大会制度有一个全面而深刻的认识。

第二，增强大会代表的代表性。团的代表大会要能够代表全体青年师生的利益，就必须优化团的代表大会的代表席位。总的来说，就是要增强大会代表的代表性，提高基层团支部、非团学干部的团员学生和青年教职工的代表比例。具体而言，流程包括：其一，由高校校团委组织举行座谈会，学生会、学生社团、基层团

① 共青团中央，教育部．高校共青团改革实施方案[Z].2016.

支部、非团学干部的团员学生、青年教职工等代表出席；其二，就大会代表席位的增删补减进行讨论商议，比如青年教职工席位的增减，就应该及时举行座谈会商议，研究商榷其席位的比例；其三，座谈会的会议结果需要及时向团的代表大会的常务委员会报告，然后在下一次团的代表大会召开时进行投票表决，由此形成团代会代表的良性发展。

第三，拓宽民主表达的途径。高校共青团需要改革与优化团代表的选举方式或流程，拓宽民主表达途径，从而使团的代表大会制度健康有序发展。其一，将选举程序标准化，解决团代表选举的任意性与非规范化问题。其二，通过团学组织向青年师生传送团代会的有关信息，团代会代表可以不经过学院（部门）与领导的签字审批直接进入团代会，避免学院（部门）或领导的不当干预，从根源上治理团代表内定的顽疾；其三，发展民主表达新途径，以团的代表大会为信息枢纽，进行自上而下或自下而上的利益表达，努力促进团代会与青年师生之间的沟通交流。所以，基层团组织必须扮演好交流中枢的角色，根据团代会的指示将学生工作事务及时公开，另外还必须不定期征集青年师生的意见与建议，并向团代会反馈，从而使两者形成良性互动，进而强化高校青年师生在民主决策、执行与监督中的影响，最终促使团代会代表的选举与团代会的决策变得更加民主。

第四，强化“三种权力”。增强对高校共青团事务的监督，首先，要强化高校青年师生的知情权，要通过各种渠道让广大青年师生知晓团代会的各项成果，并向他们仔细解释各项具体内容，从而使全校青年师生对学校青年师生事务有比较完整的了解。其次，巩固和加强高校青年师生的参与权。涉及学校青年师生的重大事务决策都应该让青年师生参与进来，以充分表达他们的利益，全面地收集决策意见。最后，深化高校青年师生的监督权。废止职位资格限定等阻碍对团代会进行监督的硬性规定，同时由基层团组织设立师生意见箱，定时定点整理意见，并及时向团代会的常务委员会反映，由此逐步优化团的代表大会制度的监督机制。

第三节 改进高校团干部培养模式

高校共青团在高校青年师生中扮演着联络青年、协助青年、支持青年以及培养青年的关键角色，其中高校团干部是高校团组织的中流砥柱，在高校团组织的工作活动中起着关键作用，高校团干部素质的提升对高校共青团的建设至关重要。

一、深化高校团干部培养原则

（一）坚持正确的政治方向

共青团作为中国共产党的助手和后备军，必须具有高度的政治自觉、思想自觉、行动自觉，发扬“党有号召、团有行动”的光荣传统，旗帜鲜明讲政治，切实增强政治意识、大局意识、核心意识、看齐意识，坚决维护习近平总书记党中央的核心、全党的核心地位，维护党中央权威和集中统一领导。共青团如果失去了政治性色彩，团组织内部的思想就难以达成一致[①]。在这种情况下，团组织就可能背离中国共产党的领导，最终退化成普通的社会团体，也将失去其作为党的后备军的角色。国家兴盛的关键在于青年，高校是青年才俊的汇聚之地，而高校团组织更是汇集了这些优秀青年中的精英，高校共青团团员必须思想先进、才智出众、肯干实事、爱党信党，才能助力实现中国的强国之梦、复兴之梦。所以，要贯彻“从严治团”[②]，突出高校团干部的模范带头作用，深化共青团战线的政治性，巩固和强化共青团的先进性与纯洁性。

（二）聚焦增强团组织的活力

全面深化建设“凝聚青年、服务大局、当好桥梁、从严治团”四维工作格局，准确聚焦高校团干部队伍建设中的重点难点，在团组织内部进行干部队伍的分级化管理，选用具有思想先进、作风清廉、实力优秀、敢作为、敢担当等优良特点的团干

① 贺军科.以习近平新时代中国特色社会主义思想为指引 努力把共青团锻造成为新时代党的有力助手和可靠后备军[J].中国共青团，2018(3):4.

② 共青团中央.共青团2020年工作要点[Z].2020.

部,并大力培养他们,可以促进其他团干部更加努力进取,进而激励整个团组织,提升团组织的活力。只有不断提升高校团干部的思想觉悟、理论高度,增强团干部的工作能力,才可以为团组织的健康发展打下坚实根基,从而不断增强共青团组织的生机活力。①

高校共青团的每一名团干部,必须深入研习并领悟新时代党的干部队伍建设的新要求,积极主动地以这些要求约束自己,形成健康、正向的成长观,培养积极行动、敢想敢做的创造生气,竭力做"从严治团"的模范,在高校团组织的建设中积极表现,在新时代青年工作中担当更大使命,展现更大作为,最终成为团组织的中流砥柱。

(三)着眼高校团干部的能力修养

共青团员作为共青团这一躯干的血液和生机,对团组织的发展与运行至关重要。因此,需要强化对高校团干部的培养,提升团干部的思想、能力素养,如此,在团干部带领下的共青团员才能获得更好的发展氛围与空间,即只有培养好了高校团干部,高校共青团员才能更好地实现进步。

要让团干部和团员各自得到应有的发展进步,就需要全面推动"从严治团"进程,努力做到源头治理,并实行由内至外、从上往下的整体管理。团员身份是选用团干部的根本,因此,团干部从团员中来,就要接受团员的监督。在选用团干部时,必须根据统一标准、强化规范、注重质量、把握增量、优化存量的要旨。②团组织必须努力提升青年团员素质,从精英中再选择精英,通过这种方式从根源上提升青年团员的整体素质,才能够真正推进团干部的素质提升,才能够把具备真才实干、道德高尚的先进青年选入共青团组织,然后再在优秀的团员队伍中选用最杰出的团员作为团组织干部。

---

① 中国共青团海盐县委.以"严"值显担当,创新构建团干部实绩评价新模式[J].中国共青团,2018(12):56.

② 共青团中央书记处.新的历史起点上共青团事业发展的基本遵循[J].中国共青团,2017(6):6.

二、提升高校团干部思想素养

党的十九大报告指出，思想建设是党的基础性建设。共青团是党的“后备军”，思想建设同样也必须是共青团建设的基础性工程，思想建团是团组织立本固根的良策。立德树人，无论是作为教育的根本任务，还是作为高校的立身之本，或者是作为高校思想政治工作的中心环节，其地位与重要性是确定不变的。[①] 中国共产党选拔人才一向坚持德才兼备的用人标准，并推崇德性先于才干，高校团干部的选用培养也应该参考党的这种标准。高校共青团干部必须明确自己的位置，坚持团干部清廉作风，努力做到“从内向外”地约束自己的行为，为团组织事务奉献力量。

（一）提升高校团干部政治素养与理论水平

中国共产党的根本属性是政治属性，共青团的根本也在于政治性。因此，必须从政治性出发，努力提升高校团组织干部的政治思想与理论水平，学习与宣传党的重大理论、方针以及政策，使团干部队伍的思想保持一致，使团干部明晰自身职责，提高高校团干部整体的政治修为与理论水平。要让高校团干部深刻认识到自身职责与使命，提升其政治敏感度，增强其思想归属感，指引他们积极主动研习党的最新战略方针，持续革新思想，不断进行自我定位与调整。共青团广大团员只有坚定信念才能走上正确的政治道路，才能真正地接受中国共产党的领导。目前高校团干部在学习理论时存在动力不足、过于重视形式等弊病，针对这种情况，高校团组织可以将理论学习经常化、规范化，不断增加团干部理论研习的参与度，继而持续提升团干部理论学习的接纳水平。另外，需要建立相应的监督机制监督团干部的学习，从而不断鞭策他们进行理论学习。[②]

实现途径包括：首先，按时组织理论研习与时事探讨活动，从简单到复杂、从浅显到深入，不断强化团干部的素养；举办读名著、看原著、知理论的读书活动，并

① 白显良，崔建西．新时代立德树人的价值定位、时代内涵与实践要旨[J]．思想理论教育，2018(11)：6.

② 张良驯．共青团政治性、先进性、群众性在改革中的新跨越[J]．中国青年社会科学，2017，36(2)：84.

以小团队的方式针对某一原著进行内容分享与讨论交流,这样的形式不但可以强化团干部的知识修为,还能够提升其表达能力。其次,注重理论与实践的结合,应该经常性组织团干部进行实地考察,如红色革命根据地等,通过真实体验,深化理论领悟。最后,按期进行特色主题教育,并反馈学习经验,使团干部在学习中带着问题不断思考,而不是一味接受低效率的灌输式教育。

(二)强化高校团干部作风建设

高校团组织干部必须有正确的正义观,清晰了解自己所处的位置,高校组织应着重清除团干部的官本位思想,整治团组织内的不正之风,不断强化团的作风建设。上级团组织应带头表率,从自身出发,逐级逐次实行团的作风治理工作。团干部应脚踏实地、不骄不躁,防止浮夸之风,将团的工作任务落到实处;团干部必须敢于作为、勇于担当,做到言行相顾,在实际工作中深化作风建设。

实现途径包括:首先,团组织需要按期安排与团干部联系交流的活动,关心团干部的工作与学习情况,以及其思想发展,引导其树立正确的价值观,努力提高其思想水平;其次,在友好协作互助的大氛围下,促使团干部进行相互监督、批评,敢于指出对方所存在的问题,切忌做表面功夫、流于形式;最后,推进团干部模范教育,驱使优秀团干部发扬优秀品质,积极主动进行"传帮带"教育。另外,在团组织内部还要定期进行优秀干部评比活动,并实行民主投票,其目的是使团干部从中找出自己存在的问题,促使其积极改进,提升自身思想素养。

三、强化高校团干部队伍能力素质

伴随社会的进步以及高校教育教学改革的推进,高校团组织举行的学生活动形式与内容越来越丰富多样,为了适应这些变化,团干部必须努力更新自己的知识,持续提升自身能力素养,才可以在自己的位置上取得成功。只有紧跟时代发展、脚不停歇,才能走在社会发展的浪尖上。

(一)优化高校团干部人员结构

高校共青团应该建设专职、挂职、兼职三种类型合理配置的干部队伍,如此才能充分发挥团干部的才干与作用。具体的可行的一种配置是,在高校校级以及二级学院或部门的团组织中,至少选择一名优秀青年教师担任兼职或挂职副书记,至少选择两名团员学生担任兼职副书记,并形成制度确定下来。同样重要的是,在校级、二级学院或部门团委班子干部类型的配置上,挂职与兼职副书记的占比应至少为50%。[①]另外,要重视建立在团员学生中的校级和二级学院或部门团组织的兼职团干部队伍[②],形成“专、兼、挂”合理配置的团干部队伍。

需要注意的是,高校团组织的挂职与兼职干部不能占用行政编制,不具体对应行政级别。其中,挂职团干部只能转组织关系,不能转行政关系;兼职团干部则根据团工作的实际需要予以适当把握。根据“从严治团”要求,必须对高校共青团干部从严选用、从严管理,并按照工作任务的性质与难度,选择差异性方式,考核专职、挂职以及兼职干部,特别注重对最终考核结果的合理使用。

(二)提升高校团干部工作本领

当前,部分高校团干部只关注如何展开与完成工作,未关注如何在工作中提升自我能力与素质,所以常常拘泥于工作任务本身而工作能力却裹足不前。因此,高校团干部需要敢为人先、自我反思,让思想不再约束于行动,实现“想到”到“做到”的跃升。团干部还应对新生事物持包容而好奇的态度,善于研究、重视总结、精于变通,而非上级指令、政策的“复印机”与“传话筒”;团干部还要学会在工作中不断进行反思与经验总结,在实践中不断提高自己,并将团干部的职责落到实处。[③]

实现途径包括:首先,强化团干部技能训练。就高校团干部学而不精的问题,按期进行工作技能训练,使工作情景条理化、工作职责明晰化,建立相应课程要

① 共青团中央办公厅.中国共产主义青年团普通高等学校基层组织工作条例(试行)[Z].2017.

② 共青团中央,教育部.高校共青团改革实施方案[Z].2016.

③ 张金福.新时代团干部工作能力提升的三个维度[J].高校辅导员学刊,2019,11(6):61.

素,形成严谨的课程系统,配合工作经典案例,弘扬先进工作事迹,并将训练项目与内容编订入档,方便团干部随时查询学习。其次,建立高校团干部档案库,对团干部在职工作情况进行持续追踪,并按时听取团干部的工作报告,贯彻事前引导、事中指导、事后监督的链条式管理,并就其存在的问题进行一对一处理与完善,继而不断增强团干部的专业素质与职责思维,最终形成团干部负责工作的根本驱动力。最后,充分利用团组织的各种宣传平台,运用微博、微信等进行文字或视频等形式的广泛宣传,指引高校团干部脚踏实地、立足现实,做好服务青年师生的模范。

第四节 高校共青团保障机制创新

高校共青团的保障机制创新,就是要保证高校共青团的组织形式、制度设计、资源保障等因素支持团组织工作活动的顺利进行。但是,高校共青团存在的一些问题逐渐阻碍了高校团组织的进一步发展,即组织形式存在过于僵化、缺乏覆盖深度的问题;制度不完善、不健全、缺乏贯彻,不能很好地适应新形势下团组织的发展要求。另外,高校共青团物质资源条件的匮乏阻碍了团组织工作任务的有效开展。本节主要从完善制度、创新组织形式、优化党建带团建以及物质资源保障等四个方面来探讨高校共青团的保障机制创新。①

一、高校共青团保障机制创新原则

(一)必须遵循规范、高效的基本原则

改进高校共青团保障机制的最根本目的是推动高校团组织更加全面、充分地履行自身的责任与使命。高校共青团的保障机制,首先应该规范有序,进而追求灵活高效。保障机制的规范有序,即保障机制应该建立在高校团组织制度化的管理框架下,是团组织制度化管理的必然结果,也即高校团组织管理都在合理的人员配备、工作流程、资源流转等制度框架里进行。保障机制的灵活高效,即保障机制能够适应团组织面临的环境、条件、工作对象的发展变化,并提供最合理有效的保障,以推动高校共青团组织的职能表达、目标实现。这种规范和高效应合理整合进高校共青团保障机制中,体现在高校共青团组织的组织运作、管理制度、活动开展、人财物等各个方面中。②

(二)坚持政治制度保障为主的原则

改进高校共青团保障机制,要坚持政治制度保障为主,资源配置保障为辅的

① 赵睿.协同理论视域下推进高校党团组织育人工作的思考[J].思想教育研究,2018(12):109.

② 廖保华.组织设计理论视野下高校共青团工作运行机制创新的研究[D].湘潭:湘潭大学,2010.

基本原则，着重明确党对共青团的领导机制。高校党委要坚持将共青团工作与学校党建等重点工作同规划、同部署，明确学校党委对团组织工作的领导。反过来，高校共青团在加强党的政治建设和构建思想政治工作体系中应有明确的职能定位和具体任务，落实高校党委的领导工作。高校共青团对学生会组织和学生社团工作的指导，加强基层团组织规范化建设，以及更好地发挥学校与学生沟通的桥梁纽带作用，都是党的政治建设的重要组成部分，因此，必须以党建带团建，加强高校共青团建设。①

二、深化共青团组织的制度建设与管理

高校共青团组织的制度建设，不但需要建立健全一整套科学、先进的管理制度，还必须保证制度的贯彻执行。高校共青团在长期的高校战线工作中，渐渐摸索出了很多较为成熟的工作制度，例如，民主评议制度、工作考评制度、年度评优制度、推优入党制度等，这些制度都很好地帮助了高校团组织工作的有效开展。

但是，伴随着社会的发展以及高校教育改革的推进，曾经发挥着积极作用的这些制度已经不能满足高校共青团的进一步发展的需要，因此，必须更新和健全这些制度。以推优入党制度实际推行的效果为例，因为没有规范、统一的标准与程序，高校团组织负责人或党组织负责人通常依据自己的狭隘判断来进行推荐，或者以团员投票的方式进行推优，但因缺乏规范而不能真正落实优选劣汰。如何判断一位共青团员是不是满足推优入党的条件，如何量度所制定的标准，以及如何使这些条件、标准与程序等制度化都是亟待解决的重要问题。②在高校共青团改革的背景下，进行制度创新与完善必须符合现实发展的需要，对新情况、新问题、新要求持续进行分析、研讨，建设契合高校共青团可持续发展需求的实操性强、科学性高、系统完善的制度体系。

建立健全相关制度并进行制度创新，首先，必须强化制度设计的指向性，即着重关注青年师生最关心的问题，大力推进工作考评制度、年度评优制度以及推优入党制度的程序化、标准化，让团员真正从中获得提升。其次，制度建设的强化必

---

① 于小雷.深化高校共青团改革中制度建构的思考[J].高校辅导员，2020(5)：27.

② 共青团中央.共青团推优入党工作实施办法(试行)[Z].2019.

须从实际出发，坚持理论与实践结合，深入青年师生群体中进行考察调研，倾听他们的真实想法，即践行“来自青年师生，回归青年师生”的工作要求。最后，将局部实验与整体铺开相结合，也就是说，设计的制度必须在试点成功后方可整体推行落实。另外，同样关键的是，在高校共青团的工作中，必须落实规章制度，约束成员言行、规范工作方式，促使高校共青团的工作走上制度轨道，进而为高校共青团的发展提供坚实的制度保障。

三、建立主动积极的学习型团组织

学习型团组织，是指通过营造充溢于组织整体的学习氛围，最大限度激发成员的创造性思维能力而构建起来的组织形式。倘使说根据寝室楼、学生宿舍建立起来的团组织，或者说创新型学生社团所建立的团组织，都是以看得见的组织形式扩大高校共青团的号召力，那么学习型团组织，就是以团组织创新能力的增长促进团组织号召力的提升。高校共青团想要切实履行自身职责与使命，就必须在引领青年师生思想和服务青年师生成长的过程中发挥积极作用，就需要建立学习型团组织，增强高校团组织创造力。

在高校建立学习型团组织，第一，要培养和提升团组织的学习能力，主要是针对怎样更好地履行高校共青团的职责与宗旨，积极促进团员从个体到整体形成一股激励学习、强化能力的氛围。第二，要学会使用高效的学习工具，形成有效的学习方式，明确学习的目的是更好地指导团组织工作，而团组织工作的一个关键职责是举行好各种学习活动，通过这种活动可以增强团的创新活力、工作能力。第三，要在团组织内部努力营造一个奋发图强、认真学习、脚踏实地、勇于标新立异的文化氛围。在实际建设中，一是要利用优化完善的团委会学习制度来引导、激励各级团组织；二是要积极推动团干部做努力学习的模范，以榜样力量感染其他团员青年；三是积极进行不同形式的学习交流活动，不断强化团组织的学习活力、创新能力。

四、加强高校党建带团建机制建设

“党建带团建”作为高校党组织与团组织联系工作的桥梁与纽带，契合新形势下高校对党团建设工作的基本要求。高校党组织要积极对团组织工作进行领导与协调，努力引导团组织主动进行理论学习与实践教育，促进党团工作的重点与创新并重，这样不但可以推动高校党团组织的积极发展，还可以带动高校党团组织建立共同的目标，从而一起进步。

在积极推动高校共青团改革的形势下，高校党建带团建工作需要切实把握理论学习与实践锻炼两个要点的融合，并形成卓有成效的实践机制和工作体系，以促进团组织工作方式方法的革新，持续强化高校中党团的号召力，扩大相应的群众基础，提供相应的政治保障和方向指引，促进高校教育教学以及高校共青团改革、创新和进步，进一步推动高校党团建设的可持续发展。具体来说，高校党建带团建工作具有如下要点。

首先，大力促进将高校共青团工作作为专题环节纳入高校党政教育工作或党建等。在高校党的建设的整体部署中明确团建的地位，促进党建、团建共同规划、共同部署。另外，将高校团组织工作绩效纳入党建评价体系，将其作为监督、评估高校党建工作的有效途径，并且要合理确定其占比权重。

其次，为落实校党委对团组织的实际领导，在人员安排上，必须至少安排一位党委副书记负责分管校团组织的建设工作，至少安排一位副校长负责联系团组织工作。在会议制度上，高校党委必须明确每年至少举行一次专题会议商榷团组织相关工作。高校党委组织与高校共青团的上级团组织应该合理分工、厘清权界，在确定校级和院系或部门团组织的主要负责人的任免等事务时，校党委应提前与团的上级组织积极沟通、征求意见、有效协调。另外，为增强团干部工作积极性以及团委与党校工作的协调性，可以将已经是党员的校团委书记列为高校党委委员候选人提名人选。[①]

最后，完善并优化高校共青团“既接受同级党组织的领导，又接受上级团组织领导”的双重领导体制。在具体工作中，将“推荐优秀团员作入党积极分子人选”

---

① 共青团中央，教育部.高校共青团改革实施方案[Z].2016.

作为高校基层团组织的重要工作职责，并将推优工作纳入学校党员发展工作规划。

五、完善团组织资源条件保障机制

高校共青团发展中，资源保障匮乏，其中，经费的不足是阻碍高校团组织工作推进的一个突出问题。高校共青团要学会调动社会人力与财力资源，以填补团组织的人才与财力的缺口，努力让广大社会力量了解与支持高校共青团的工作，为高校共青团的发展贡献一分力量；想方设法拓宽高校青年团员的理论学习与社会实践阵地，形成令人满意的高校团组织工作环境，进而推动高校共青团工作的整体协调发展。具体而言，要注意以下几个重点。

首先，支持高校团组织根据《中国共产主义青年团章程》拥有开展学生工作的独立性与自主性。具体来说，高校校级团委必须单独设置，必须对其他不当的机构设置方式予以矫正，并合理界定出校团委应有的工作职能。规范高校团委的领导职数、专职干部编制数，其具体的数量要按照学生规模和工作实际情况来确定，并依据强化基层团组织工作力量的要求，参考《关于进一步加强和改进高等学校共青团建设的意见》推行。①关于团干部职级的配置，校级团委书记依据高校处级正职干部配备和管理；校级团委机构下属各部部长、二级学院团组织书记为专职干部的，根据高校科级正职干部配备和管理。

其次，保障必要的经费。第一，高校共青团必须保证有充足的经费资源，才能更好地实现服务广大青年大学生的职能，体现高校团组织的服务价值。高校共青团同级党委与上级团组织应该在经费上给予大力支持，支持高校团组织搞好自身各方面建设，增强服务青年学生的能力，切实为高校青年学生的发展贡献力量。第二，高校团组织需要以自身的发展获取足够的经费支持，这就要求高校团组织积极开展有益学生成长成才的各种实践活动，团结、吸引、凝聚优秀青年大学生，增强高校团组织的人才力量，不断推动高校团组织发展，形成资源支持与自身发展的良性循环。

最后，合理使用团组织资源。高校团组织既要有必要的活动资源，还必须合

① 共青团中央，教育部.高校共青团改革实施方案[Z].2016.

理、高效地使用团组织的资源,在“开源”与“节流”之间达到平衡。第一,尽力使行政支出合理化,减少会议次数、增加会议针对性。另外,需要把行政办公等的费用限制在合理范围内,避免不必要的消耗。第二,将资源放在真正有意义、有实效的学生活动上,避免无意义、形式化、无实效的活动,切实增强学生活动的针对性。第三,大力鼓励节约,形成节约文化。在高校全体团员及干部中大力宣扬、鼓励节约,制定相关制度或规定,形成节约之风。

第四章

组织建设创新：
增强组织新活力
促进团建科学化

第一节　高校共青团组织建设创新概述

一、高校共青团组织建设创新的内涵

高校共青团工作事关青年学生的思想政治进步和个人健康发展,是高校教书育人功能的重要组成部分。[①]近年来,随着国内外环境的不断变化和发展,原有的组织建设模式可能已经不再适应瞬息万变的环境,高校共青团的组织建设面临新的挑战和机遇。因此,在新的历史时期,为适应党内党外、国内国外对青年人才培养的需要,为助力国家培养合格的社会主义建设者和接班人,我们要加强高校共青团组织建设创新,创新高校共青团组织建设的目标、内容以及考核机制等。高校共青团组织建设创新应在结合团支部建设创新、学生组织创新,以及共青团领导方式创新的同时,不断优化自身组织建设,提高适应能力、创新能力和建设能力,为基层组织的学生干部培养提供平台和机遇,并持续增强高校共青团组织,以及其成员参与共青团活动的积极性和动力,提高成员的工作能力以及高校共青团自身的影响力和领导力,引导成员不断提高自身素质,树立正确的思想意识,增强高校共青团成员的自豪感、使命感和责任感,实现多方面高质量发展。

二、高校共青团组织建设创新的原则

(一)坚持党的领导原则

"党有号召,团有行动。"这是共青团在长期工作实践中形成的坚持党的领导的光荣传统。坚持党的领导是高校共青团组织建设的政治灵魂,更是各高校共青团组织建设的根本原则。新时代共青团组织建设创新必然要坚持与党同心,坚决做到"两个维护"。坚决维护习近平总书记党中央的核心、全党的核心地位,维护党中央权威和集中统一领导,是新时代共青团组织建设创新,坚持党的领导的最关键、最具体的体现。高校共青团在组织建设创新的过程中必须坚持以马克思列宁主义、毛泽东思想、邓小平理论、"三个代表"重要思想、科学发展观以及习近平

① 高星.论新时代高校共青团工作的定位及创新[J].学校党建与思想教育,2018(17):88.

新时代中国特色社会主义思想为指导，来淬炼政治忠诚，端正政治态度，筑牢政治灵魂。同时，新时代的高校共青团在组织建设创新的过程中要利用高校自身学生团员数量大、凝聚力强等特点，紧跟党的步伐，高举马克思主义思想伟大旗帜，自觉与以习近平同志为核心的党中央保持高度一致，坚持在党的领导下发挥青年的创新优势。

(二)以青年为本原则

1.以青年为本原则的要求

习近平总书记反复强调，“青年一代有理想、有本领、有担当，国家就有前途，民族就有希望”[①]，要求共青团“必须时刻把为党和人民培养人的工作摆在首位、贯穿始终”[②]。还要“着重在青年学生骨干、团干部、青年知识分子等青年群体中选拔一批骨干作为培养对象”，“着力培养一批对党忠诚、信仰坚定、素质优良、作风过硬的中国特色社会主义事业合格建设者和可靠接班人”。[③]赢得青年，我们才能赢得未来，赢得希望。高校是青年集中的重要阵地，也是党和国家培养和造就人才的重要场所，青年才是高校中当之无愧的主角，因此，高校的各方面活动必须紧紧围绕教书育人，坚持以青年为本的原则，将服务青年成长成才作为高校共青团组织建设创新的不变宗旨，只有这样，高校共青团工作才具有更大的生命力和活力。在此基础上，高校团委可以通过加强对分团委工作创新性的考核与引导，致力于培养一批有理想、能创新、肯实干的青年学生干部，不断促进共青团组织建设创新的思想建设、组织建设和作风建设；通过开展社会实践活动，来增进高校共青团成员对社会了解，从而提高其将理论运用于实践的能力和解决实际问题的能力，促进学生综合素质的进一步提高；通过大力加强社团组织阵地化、规范化建设，在丰富学生课余生活的基础上，同时培养学生的组织能力和领导能力，从而促进学生干部队伍的建设。

---

① 习近平.论党的青年工作[M].北京：中央文献出版社，2022：56-57.

② 习近平.论党的青年工作[M].北京：中央文献出版社，2022：28.

③ 中长期青年发展规划：2016-2025年[M].北京：人民出版社，2017：33.

2. 以青年为本原则的现实需求

高校共青团组织建设创新要围绕青年的根本利益和现实需要。青年是高校共青团的主体部分,有青年才有高校共青团,因此,高校共青团必须以服务青年为宗旨,从他们的切身需要出发进行高校共青团的组织建设创新,开展各项工作活动,满足青年对高校共青团组织以及相关工作的向往和需要,从而助推青年各方面的发展,使其共享社会主义现代化建设所带来的发展成果。在某种程度上来说,青年特别是高校中的青年,处于人生重要转折的时期,一面是学习知识和技能,充实自己,提升自己的机遇时期,一面是就业、收入、住房等多方的压力和困难,加上某些社会资源的不充分供给,使青年在发展的过程中面临多重的压力和困难。在这种情况下,关注青年的生存和发展问题显得尤为重要,而如何提升青年的综合素质、能力、获得感也应该成为高校共青团组织建设创新所要解决的重要课题。

3. 以青年为本原则的主体作用

高校共青团在组织建设创新的过程中要充分听取青年的意见和建议,发挥青年在创新过程中的主体作用。高校共青团作为与时俱进的先进性组织,必须时刻了解青年在发展过程中的思想动态和现实需要。高校共青团不仅要做青年学习和发展的平台,也要努力成为让青年能够表达自身想法、观点、需求、理想的良师益友。为此,高校共青团组织建设创新一定要发挥青年的主人翁精神,端正青年的主体定位。凝聚青年的创新性、主动性和积极性,集中智慧和力量,为青年群体提供一个发展创造的平台,要把青年的满意度、赞同度等作为评价共青团工作创新的出发点,在工作方式与工作内容推陈出新的同时体现出青年的创新性。

(三)思想引领原则

对青年的思想引领是高校共青团工作的重点,也是高校共青团组织建设创新的根本落脚点。青年强则国家强,对青年的思想引导关系着祖国未来的发展方向。2013年6月20日,习近平在同团中央新一届领导班子集体谈话时明确指出,团的工作要把握住广大青年的脉搏。要提高团的吸引力和凝聚力,关键是要高举理想信念的旗帜。共青团要做好青年思想引导工作、增强吸引力和凝聚力，必须站在理想信念这个制高点上。只有思想上、精神上的吸引力和凝聚力，才是内在的、强大的、持久的。共青团要努力帮助广大青年树立远大理想，坚定走中国特色社会主义道路的人生信念，用科学的理论武装青年，用历史的眼光启示青年，用伟大的目标感召青年，用光明的未来激励青年，使他们不断增强道路自信、理论自信、制度自信，不断增进对党的信赖、信念、信心。[①]由此看来，高校共青团组织建设创新也要从思想建设上找突破口，争取给组织建设创新注入更充分的动力。

高校共青团组织创新的思想引领主要包括以下两个方面：首先，高校共青团组织建设创新思想的引领需要有一个文化作为支撑和载体。青年文化虽然丰富多彩、各具特色，但是在发展过程中也呈现出符合青年交往和实践特征的一系列文化标识。这些文化特征或文化标识，就是高校共青团在思想引领过程中要着重修正或者倡导的部分。青年思想引领创新就是要紧扣"培育青年文化"这一主题，与国家和民族的历史文化相契合，符合时代课题，扣好青年的"扣子"，让青年在感受文化的过程中实现思想引领。党的十八大后"实现中华民族伟大复兴的中国梦"的时代主题就符合这一原则，有利于促进青年的培养和成长。其次，高校共青团在组织建设创新的过程中，要坚持讲好中国故事，传承红色基因。正确的思想引领在契合时代发展的同时，也要注重对历史文化的学习和借鉴，让青年更好地理解中国的革命精神和奋斗精神，传承红色基因，这对共青团组织建设创新有着举足轻重的推动作用。

（四）技术性支撑原则

随着信息化和智慧化时代的到来，技术支撑和技术依赖变得越来越明显，对技术的需求不仅表现在日常生活中，更是渗透到各个领域，高校共青团组织建设创新就必然要适应这种普及和依赖，以此去辅助自身的创新发展。事实上，大数据和云技术的普及，让青年群体的内部结构、人员构成、思想观念、人际交往和沟通方式等都发生了相应的变化，这也使得高校共青团组织建设工作在某种程度上

① 新华社.习近平同团中央新一届领导班子成员集体谈话[EB/OL].(2013-06-20)[2022-11-01].https://www.gov.cn/ldhd/2013-06/20/content_2430671.htm.

变成了适应现代化信息技术普及的工作,需要科学的组织技能与管理能力去应对青年工作呈现出的复杂性。

高校共青团组织建设创新的技术性支撑原则主要体现在:高校共青团组织建设创新首先要以新媒体等信息技术为载体。现在的青年一代是伴随着网络技术的发展而成长起来的一代,网络和信息技术的运用渗透到他们日常生活中的各个部分,特别是人际交往方面。因此,高校共青团在组织建设创新的过程中,要善于运用各种新媒体和大数据平台动员、组织和引导青少年,宣传自身的活动。要注重培养和吸纳能够熟练运用这些现代科学技术的人员,以便能够更好地服务于青年,促进组织的发展。需要注意的是,在瞬息万变的信息时代,网络是一把双刃剑,在加强人与人之间联系的同时,也不可避免地会对青少年的发展产生一些消极的作用,而青少年又处在思想以及价值观塑造和活跃发展的关键时期,在这个过程中,高校共青团要注意选择和识别能够对青少年的发展产生正向引导的信息媒介、平台,同时又要具有包容性、针对性和时效性,去实施高校共青团的思想政治教育工作。

三、高校共青团组织建设创新的类型

(一)高校共青团组织结构模式创新

高校共青团要顺应时代的变化,不断推进组织建设创新,创新组织结构模式。过去,人们普遍认为,组织的形成是以固定的活动场所为依托的,因而具有固定性、物质性和不可逾越性。但随着信息网络的出现,组织边界的界限越来越模糊化,特别是虚拟组织结构形态的出现,已经使传统的组织边界由过去的刚性化转而逐渐柔性化,具有可弹性、可移动性和可渗透性的组织特性。[①]当这种组织边界变得软化和可渗透之后,组织中的成员也可以相对自由地选择进入或者退出,这增强了组织中成员的流动性和活力。面对组织边界表现出的新动态,高校共青团也应该做出适当的调整,要在原有组织的基础上,不断推陈出新,拓宽组织结构的边界,增强高校共青团组织结构的灵活性、包容性,实现组织与青年之间的良性互

① 丁凯.新时代高校共青团工作方式的创新路径探析[J].福建教育学院学报,2020(1):55.

动，搭建既符合传统，又有所创新的组织边界，促进资源共享和信息传递。

（二）高校共青团组织管理方式创新

在互联网和信息化的时代，高校共青团也必须革新以往陈旧的管理方式和管理手段，密切组织与高校共青团成员之间的联系。青年群体的思想观念和创新意识以及实践能力都处在上升阶段，他们既是创新成果的享受者，也是创新的主力军。青年群体的生活方式、工作方式都与科学技术紧密相关，高校共青团应该及时捕捉这种状态，在管理方式上优先选择青年易于接受的平台或者媒介，善于运用QQ、微信等交流手段，不断扩展高校共青团的组织交流边界。在内容上聚焦青年感兴趣和乐于接受的资讯，增加宣传内容的传播深度和广度。在虚拟组织和现实组织的相互结合之中，不断扩大高校共青团组织平台。

（三）高校共青团组织吸纳方式创新

高校共青团中所涵盖的青年不仅数量大，而且表现出来的特征多种多样，他们作为一个活跃的社会群体，在成长的过程中有着很强的自主意识。与以往高校单方面的组织不同，现在的高校校园里存在着许多以学生为主体，由学生自发组织和建立起来的团体，这些团体打破了高校以往的组织格局，满足了青年大学生多方参与的需要，发挥着引领青年、凝聚青年的作用。高校共青团应该认识到这些社团组织以及学生会组织在促进青年发展中的重要作用，要在完善自身组织格局的同时，积极借鉴其能够促进自身有效运行的组织结构模式。在促进高校大学生群众性组织有序发展的基础上，探索在他们内部拓宽高校共青团组织格局模式的可能性和必要性，从而不断扩大高校共青团的覆盖面。

第二节　高校团支部建设创新

高校团支部作为高校共青团组织的重要组成部分,发挥着团结、引领和服务当代青年大学生成长成才的重要作用,在思政教育、能力素质、学习素质等方面都至关重要。[①]因此,新时期必须加快推进高校团支部在成员素质培养、基本职能建设、思想政治教育、社会实践锻炼以及工作制度方面的建设创新。

一、高校基层团组织成员素质培养

高校基层团组织成员的素质培养是高校团支部建设创新的重要组成部分,一般包括思想道德素质、政治信仰素养、创新实践能力等。

(一)思想道德素质培养

一名合格的高校基层团组织成员,首先应该有良好的思想道德品质,有服务学校、服务教师、服务同学的思想道德意识,将完成工作任务、组织文体活动当作提高自身综合能力,锻炼自身综合素质的手段。[②]高校基层团组织不仅要注重在选拔成员时对其思想道德素质的考察,而且在吸纳成员之后,更要注重对其思想道德素质的监测、培养和提升。

1.加强理论学习

就如何推进高校基层团组织成员思想道德素质的培养而言,首先,应该加强理论学习,通过团活动等形式,组织成员参与理论学习,为成员思想道德素质培养创造环境,提供条件。其次,具体的学习方式应该契合互联网和现代化信息技术发展的大趋势,坚持线上与线下相结合,开展定期学习、定点学习,并且实施定期监测和测评,及时纠正发现的问题。

2.强化宣传和介绍

引领青年树立其自身的团员自觉和自信,明确自身定位,提高团员的综合素

① 钟晴.新形势下加强高校团支部建设的思考建议[J].办公室业务,2020(13):50.

② 李霞.加强高校学生干部队伍培养策略研究[J].中国成人教育,2014(21):39.

养，树立青年的行为典范。就具体的宣传而言，高校团支部除了可以通过分发团组织手册进行纸质宣传，以上课的方式向团员宣传团支部的知识以外，还应该结合现代科学技术，运用现代媒体，以视频、网页等形式宣传共青团的历史发展及其贡献，从而增进团员对团组织各方面的了解和认识，帮助其树立正确的世界观、人生观和价值观，促使其牢记团组织的行为规范，按照团组织的章程行事。

（二）政治信仰素养培养

习近平总书记指出："一名干部有了坚定的理想信念，站位就高了，心胸就开阔了，就能坚持正确政治方向，做到'风雨不动安如山'。"[①]政治信仰是高校基层团组织成员必须具备的素养之一。在加强团的建设过程中，必须始终坚定政治信仰，坚持马克思主义指导地位，坚持用习近平新时代中国特色社会主义思想武装全党、教育人民，夯实思想根基，牢记初心使命，坚定不移沿着正确政治方向前进。[②]

在实践中，高校基层团组织首先可以通过组织政治活动、参与政治生活、加强宣传和教育等方式，促进高校基层团组织成员深刻了解党的政治态度、政治立场、政治方向和政治观点，始终坚持"从群众中来，到群众中去"的工作方法，并在思想高度上与党和国家保持高度一致。另外，可以组织成员共同学习当前最新的政策文件，以及习近平总书记的重要讲话等，引导成员准确辨析国际国内形式，践行党的十九大精神以及习近平新时代中国特色社会主义思想，增强"四个意识"、坚定"四个自信"、做到"两个维护"，强化政治担当。最后，在评优评奖的过程中，注意加强对成员的思想教育，将成员政治信仰作为评价的重要依据，营造风清气正的良好风气。

（三）创新实践能力培养

新时期，随着我国综合国力的进一步提升，面临的竞争和挑战也越来越艰巨。

---

① 李文刚．坚定政治信仰[EB/OL].(2020-07-01)[2021-05-01].http://www.qstheory.cn/dukan/qs/2020-07/01/c_1126171342.htm.

② 王丹．坚定政治信仰　把准政治方向[EB/OL].(2019-03-14)[2021-05-01].http://www.qstheory.cn/llwx/2019-03/14/c_1124233238.htm.

为实现中华民族伟大复兴,加强社会主义现代化建设,我国需要很多既具备创新精神又具有创新能力的高校青年人才。因此,高校基层团组织要加强成员的社会实践,组织成员参加志愿活动、实践活动以及社会服务活动等,培养创新精神,增进其对国情和社会建设的了解和认识,增强其用知识和理论解决实际问题的能力,使其能学以致用,提高综合素质。

1.搭建实践创新平台

高校基层团组织应该为成员的实践能力和创新精神培养建立统一而有效的平台,为其提供广泛参与实践的机会。例如高校可以通过建立相关课程体系,组织课外活动,还可以与社会组织或者社会企业合作,开展具有多面性、多样性和综合性的社会实践,引导成员将所学知识运用于实践,增强动手能力。另外,随着实践的发展,高校基层团组织所开展的活动还应契合时代发展的主题以及团组织育人的基本要求,使其具有时代性和创新性。

2.提供经费保障和部门支持

高校基层团组织在组织实践活动和创新活动的过程中,不仅需要各个部门的通力合作以及支持,而且为了保证素质拓展活动正常、有序、有效地开展,必须努力开发社会资源和调动学校各方面的积极因素,筹措共青团工作开展所必需的经费。[①]高校应该努力开发社会资源和校内资源,加强资金和技术支持,强化团组织与其他部门的联系和沟通,调动各方积极因素,为实践创新能力培养筑牢基础。

二、加强高校基层团组织基本职能建设

共青团作为承担组织青年、引导青年、服务青年和维护青年合法权益四项基本职能的组织,在青年的发展过程中发挥着重要的作用,因此,必须注重加强对高校基层团组织的基本职能建设。

---

① 赵骏.高校共青团工作与素质教育[J].山东省青年管理干部学院学报,2000(5):37.

(一)为青年代言

2017年10月18日，习近平总书记在中国共产党第十九次全国代表大会上的报告中指出:“中华民族伟大复兴的中国梦终将在一代代青年的接力奋斗中变为现实。全党要关心和爱护青年，为他们实现人生出彩搭建舞台。”因此，在高校基层团组织的建设中，要始终坚持以青年为本的原则，根据国家总体青年政策，维护青年的合法权益，构建青年能够表达权益需求的平台，真正面向基层，反映青年的呼声和要求，多渠道协调各类资源，创新青年发展模式，加强高校青年与党、政府和社会之间的联系，发挥基层团组织的桥梁和纽带作用，为青年提供切实服务，拓宽青年施展才华的空间和舞台。

(二)明确职能定位，合理分配职能

首先，作为共青团的基层组织，高校基层团组织身处高校学生工作和共青团工作的一线，在职能定位上，既服从于共青团整体和高校学生工作整体的宏观定位，又因为自身的基层地位而表现出与宏观定位的差异性。[①]因此，在实践过程中，各高校基层团组织要从自身的需求和实际出发，构建既符合党和国家整体要求，又具有自身创新特色和差异性的职能框架，在政治、文化、教育和社会职能上下功夫，形成凝聚青年和动员青年的强大合力。

其次，高校基层团组织在加强职能建设的过程中，要注重不同层级之间以及同一层级之间职能的合理分配，避免职能的交叉和杂糅，理顺职责关系，促进职能转变，搭建与团员青年、学生社团组织的联系沟通与服务管理渠道，以团员青年的需要、诉求为导向，强化共青团的服务意识，通过社团干部培训、学生骨干嘉年华等形式，建立健全高校共青团管理服务青年的常态化和长效化机制。[②]从而提高基层团组织的积极性、主动性、活力和灵活性，提升其对青年学生的有效覆盖率，实现基层团组织的良性运作。

---

① 刘健.对高校基层共青团工作职能定位的思考[J].科学咨询(决策管理),2009(13):53.

② 闫丽.高校共青团“枢纽型”组织建构:提出、现状及进路[J].江西青年职业学院学报,2016(3):22.

三、加强思想政治教育和社会实践参与

(一)强化思想政治教育,坚定理想信念

2017年,中共中央、国务院印发了《关于加强和改进新形势下高校思想政治工作的意见》(以下简称《意见》),明确用三个"事关"指出高校思想政治工作的重要性:事关办什么样的大学、怎样办大学的根本问题,事关党对高校的领导,事关中国特色社会主义事业后继有人。[①]各高校共青团必须将思想政治工作放在首位,充分发挥党员干部、学生干部的带头作用,开展广泛的中国特色社会主义理论学习,加强团员的先进性和党性培养,使其树立共产主义远大理想和中国特色社会主义共同理想,增强青少年的归属感和荣誉感,促使其坚定理想信念,争做社会主义的合格建设者和接班人,凝聚社会主义现代化建设的强大合力。

(二)拓宽社会实践,提高政治执行力

习近平总书记在中央政治局民主生活会上强调,必须增强政治意识,善于从政治上看问题,善于把握政治大局,不断提高政治判断力、政治领悟力、政治执行力。高校基层团组织在注重对青年团员的思想政治教育的过程中,也不能忽视青年团员的社会实践锻炼,只有身体力行,躬行实践,才能更好地将理论运用于实践,才能更好地促进政治执行力的提高,才能从容地面对局势的改变和各种困难挑战。在这一方面,高校可以通过组织青年大学生参与志愿者服务、义务劳动、公益活动、团组织活动等,来加强对青年的第二课堂教育,培养既有理论素养又有实践能力的新时代青年。

四、创新高校基层团组织的工作制度

高校基层团组织的良好运转,离不开标准化的制度规范和管理。完善高效的工作制度是高校基层团组织有序开展各项工作的引路明灯,因此在进行高校团支部建设创新的过程中,必须将高校基层团组织工作制度的健全和完善放在重要的

① 新华社.中共中央 国务院印发《关于加强和改进新形势下高校思想政治工作的意见》[EB/OL].(2017-02-27)[2022-11-01].https://www.gov.cn/xinwen/2017-02/27/content_5182502.htm.

位置上。具体而言，高校基层团组织可以从工作的方式方法、内容、考评制度等方面来优化基层团组织的工作制度，并以《团支部工作规范化手册》为引导和依托，实现基层团组织工作的制度化、规范化、科学化管理，确保团支部工作落到实处，取得实效，真正为广大青年团员成长成才服务。[①]

（一）以新媒体引领工作方式方法创新

传统的高校基层团组织工作平台面临着受众面小、效率低下等固有弊端，而随着互联网和信息技术的发展，以新媒体为支撑的大数据平台可以最大程度地提高效率，缩小信息传递的时间差，打破信息传递的地域壁垒。因此，高校基层团组织的工作方式方法要紧随时代发展的潮流和趋势，要符合青年的喜好和需求，要在持续巩固传统工作载体的基础上，针对团员的聚集方式与兴趣爱好，开辟拓展共青团的新媒体工作阵地，加强对团员的沟通与联系工作，持续强化团员对共青团组织的向心力。[②]利用新媒体建设高校基层团组织管理平台，创新其工作方式方法。将直播、视频、微信公众号、微博、高校校园网站等平台作为高校基层团组织工作的新阵地，最大程度地整合资源，促进宣传教育，加强对青年的思想引领。

（二）契合时代主题，创新工作内容

高校共青团的工作内容具有很强的时代性和先进性要求，这就需要高校基层团组织保持高度的灵敏性，时刻关注国内国外发展大势以及青年的发展现状，及时更新工作内容，契合时代主题。目前，我国正处在实现中华民族伟大复兴的关键时期，当今世界也正经历百年未有之大变局，国际国内局势要求我们必须正视当前的困难与挑战。在此背景下，高校基层团组织必须坚持工作内容方面的改革创新，响应《共青团中央改革方案》，紧跟党的步伐，深入学习贯彻习近平总书记系列重要讲话精神，广泛开展中国特色社会主义和中国梦宣传教育，积极培育和践行社会主义核心价值观，切实担负起引导青年听党话、跟党走的政治任务。创新

---

① 张静.基于制度化、规范化、科学化建设的高校共青团工作模式探索与实践——以河北地质职工大学团建工作为例[J].统计与管理，2015(9)：157.

② 王锴，李金秀.新形势下共青团工作创新研究[J].大学教育，2018(7)：178.

组织动员团员青年服务大局的载体和方式,团结动员广大青年认识、适应、引领经济发展新常态,积极践行创新、协调、绿色、开放、共享的新发展理念。①

(三)考核评价机制创新

考核评价机制既是高校基层团组织工作制度的重要组成部分,也是反映团组织工作效果的一面镜子。因此,必须加强对考核评价机制的完善和创新,使其能够真实准确地反映存在的问题。首先,就考评的内容而言,要坚持“因校而异”“因院而异”,并且兼顾整体的相似性,要在创新考评项目、考评模式、考评方式的基础上,适当拓宽考评的范围,避免过度的“平均高分”现象,以及因人数差异而造成的考评误差,及时更新相应的考评指标,从而提高基层团组织考核的灵活性;其次,就考评的方式而言,要深度契合互联网时代的发展趋势,利用QQ、微信、微博以及其他的一些平台,扩大基层团组织工作考核评价的参与面,再适当调整不同参评人给出的分数的比重,使最后的考核结果更具科学性;最后,在具体的考评过程中,也可采取“盲审”加“交叉互评”的方式,提高高校基层团组织工作考核评价的客观性。

① 新华社.中共中央办公厅印发《共青团中央改革方案》[EB/OL].(2016-08-02)[2021-05-01].https://www.xinhuanet.com/politics/2016-08/02/c_1119325051.htm.

第三节 高校学生组织创新

一、学生会工作创新

急剧变化的国内国外新局面对大学生综合素质能力提出了新的标准和要求。高校学生会是在学校党委领导和团委指导下，以“自我教育、自我管理、自我服务”为原则独立自主地开展工作。[①]其不仅在构建和谐校园中发挥着重要作用，还是连接学校和青年大学生的重要桥梁及纽带，也是提高学生能力水平以及综合素质，更是学生展示自身才能的必不可少的平台。因此，需要探寻如何组织好、管理好学生，加强工作创新，使学生会管理工作在严格的工作制度下开展，选拔出真正有思想、有干劲、有创新能力的学生会干部。学生会干部应带领所有学生会成员共同推动学校在学术、文艺、体育、宣传等方面的协调发展，引导大学生学会学习、学会做人、学会拼搏、学会创新。同时，更要注重与老师同学和学生会成员之间的沟通交流，让学生会真正成为“为学生服务”的组织，让大学校园真正成为学生的“知识与精神家园”。[②]

(一)树立创新思想，培养学生会成员的创造力

1.解放思想，更新观念

解放思想，就是要求学生会自觉地从原来陈旧的观念、不合时宜的体制、保守的做法中解放出来，认识到自主创新的重要性，更新学生会工作观念，改革工作体制，创新学生会工作路径。

2.创新管理模式，确立明确目标

学生会管理模式创新需要用制度来规范，要坚持以人为本的理念，同时要注意整体和部分的关系，重视集体的力量。另外还需要确定目标，包括明确长期的

① 刘珍珍，蒋琦玮，马灿.新形势下高校学生会作用探析[J].创新与创业教育，2012(2)：46.

② 郭磊，李磊.新形势下高校学生会管理工作创新的几点思考[J].青年与社会(中外教育研究)，2010(5)：69.

学生会年度目标、学期发展目标,确定实现总体目标的路线和阶段,以及在工作中如何调整等。

3.结合实际,创新工作模式

学生会对待传统的工作方法和模式的态度并非完全的摒弃,而是取其精华,去其糟粕。要结合学生会的实际工作情况,继承和发扬各种传统的学生会工作模式,在实际工作中增添新的工作方法和模式,让传统的模式在新应用中发挥更多的作用,激发组织的活力。

4.增强团队创造力,激发学生会成员的积极性

学生会要不断加强团队的创新能力,通过举办各种实践活动,让学生会成员提升自己的创造创新能力、交流沟通能力和团结协作能力。学生会成员要通过学党章等方式,在活动中成长起来。另外学生会要允许且接受不同的声音和观点,积极主动地融合新思维,接受新观点,通过头脑风暴和集体讨论的方法催生新观点、新思想,运用各种激励机制和奖励方法提升学生会整体创造力。

(二)加大支持力度,保障学生会工作顺利开展

加大对学生会的支持力度有两种方法:一是政策支持,二是资金支持。学生会的工作,是在高校的党政部门领导下进行的,高校的政策支持对学生会的日常工作和创新工作的开展起着关键的作用。

首先,对学生会开展的有利于全体大学生共同发展的活动,有助于形成良好的校风、学风的活动,高校应放宽限制,加大对学生会工作的政策支持和资金支持力度。

其次,学生会的指导老师,应与学生会干部和成员保持密切联系,给予学生会全方位的指导,包括思想、组织和工作指导。学生会指导老师是高校和学生会之间的连接者,需要协调好学生会各部门和高校各机构之间的关系和工作。指导老师还需要帮助学生会开展相关工作,必要时提供材料和一些条件,减少学生会工作开展中的阻碍和困难,从而提高学生会的工作效率,调动学生会成员的积极性。

(三)搭建网络工作平台,实现学生会工作信息化

现如今,网络逐渐成为当代大学生获取知识和各种信息的重要渠道。学生会也需要与时俱进,利用好网络这一媒介,建设新媒体平台和网络工作平台,从而提高学生会的工作效率。近几年,许多高校学生会都设立了网络新媒体部门,创建了学生会自己的新媒体平台体系,利用社交平台比如微信公众号、微博和QQ传递和表达学生会的声音与活动信息,进而把学生会工作纳入网络体系。新媒体有速度快、即时性和互动性的特点。使用网络新媒体有利于即时快速地传递学生会的活动信息,提高学生会的工作效率,大大减少了学生会的各种成本。还有助于树立的良好形象,激发学生参与活动的热情和积极性,使学生参与到学校良好的校风和校园建设当中。

(四)注重培训选拔,提升学生会干部的综合素质

学生会干部在学生会工作完成的进度和效果中起着至关重要的作用。首先,学生会干部加入学生会就要在思想上认同学生会的文化和为学生服务的宗旨。其次,要落实到实际行动中,在学生会工作中要积极主动、保持热情,为同学们提供服务,并且在每次学生会工作中不断提高自己的能力和综合素质,学会不断进行自我反思,在实践活动中成长。因此,学生会在进行干部选拔时,要严格把关,一是需要能力突出,二是需要人格品格良好,三是学业成绩优异。选拔出的学生会干部需要通过正规的面试和程序,不能有“走后门”等暗箱操作。再次,要对选出的学生会干部进行定期培训,培训内容也要根据学生会的实际需要确定,为学生会干部能快速融入和接手学生会工作做好充分的准备。最后,要对学生会干部做出考核评价,考核评价要确定合理的内容和标准,考核对象范围要广泛,鼓励学生会内部考核评价和外部评价相结合。

二、学生社团工作创新

学生社团在校园建设中有着重要的作用,高校共青团需要重视学生社团的管理工作,搭建社团的沟通交流平台,社团工作也要不断创新。还要重视学生社团

管理建设,提供培训机会。

首先,在学生社团管理中需要制定一系列规章制度,以此来保证学生社团的纪律,其中规章制度包括年度考核制度、活动申报制度和活动管理制度。高校团委要严格修订《大学生社团管理规则》,要求学生社团开展学生活动时按照该管理规则进行登记记录、报备审批等。其次,开展学生社团的培训活动,需要邀请有经验的指导老师来指导学生社团工作,同时提供不同社团之间沟通交流的平台和渠道,一方面可以让不同社团的部门实现横向沟通,这样能让社团更好成长,促进社团活动更好地开展。另一方面可以通过培养学校社团骨干,提高学校社团骨干的综合能力,实现学校社团新老骨干工作的交接。

(一)搭建高校社团学习平台,重视实践创新

高校学生社团是大学生发展兴趣爱好的平台,学生社团可以将不同专业、不同学科背景的学生聚合起来,并为每个学生提供一个开发自身潜能的平台,学生可以在社团里利用高校提供的资源,激发自己的潜能,发挥自己的才华,在实践中不断提升自我,在社团工作中提高自主创新能力。另外学生社团也有许多科技创新类项目活动,这类活动不仅要求学生要有创新意识和能力,还要求学生具备一定的科研开发创造力。学校社团通过举办科技创新活动,能让大学生由表及里地认识事物,抓住事物的本质,在实践中寻找新思路,培养勤思考、多动手的好习惯,从而激发大学生的创新创造能力。

(二)打造特色社团,构建和谐校园文化

当前学生社团要注意结合本地和学校的特色,打造和开展一些有利于大学生全面发展的特色活动,通过开展特色活动逐渐扩大社团的影响力,保持社团的活力。[①]学生社团也要找准自己的定位,避免盲目跟风,必须以培养学生的创新、创业、科学、人文精神为重点,针对现代社会、科学、人文热点来开展特色活动。另外校方要结合实际情况和社团的实际需求,集中力量扶持或开展一批体现本校特色的经典活动,以社团来塑造、培养、引导学生,为构建和谐校园文化打造完美平台。

---

① 陈伟,谢春虎.构建高校社团“文化场”的探索与实践[J].教育与职业,2010(18):34.

三、高校青年志愿者协会工作创新

志愿服务行为是一种基于道德、良知、社会责任等因素，自愿贡献个人时间和精力，为社会提供服务的无偿行为，具有自愿性、无偿性、社会公益性的特征。高校青年志愿者协会是一个特殊的组织，已经成为培养大学生感恩文化和志愿服务精神的重要载体。其辐射力和影响力十分大，大学生能够通过参加志愿者活动，提升志愿服务意识，提高社会责任感和历史使命感，为社会出一份力，多承担一份责任。同时，这有助于形成平等、友爱、融洽、和谐的社会氛围，推动社会文明的发展。[①]而当高校青年志愿者协会在高校扮演着越来越重要的角色时，其管理体系和志愿服务项目规范化等问题也日益凸显。

(一)创新高校青年志愿者协会工作机制

随着时代的不断变化，高校青年志愿者协会服务的管理体系等问题逐渐显露出来，现如今高校共青团需要顺应时代的变化和社会的实际需求，改革创新高校青年志愿者协会的工作机制。首先，高校共青团需要结合高校特色，整合志愿服务资源，开展特色专业化的志愿者活动；其次，高校共青团需要积极推动青年志愿者协会管理机制改革，完善青年志愿者协会服务管理体系；最后，遵循发展规律，完善志愿者活动运作机制。

1. 结合高校特色，整合志愿服务资源

高校能够聚合各种类型的资源，高校共青团需要结合高校的特色，整合志愿服务资源，提升高校青年志愿者协会服务水平。另外，可以针对不同专业，比如法学、管理学、政治学等法学类专业，设计专业的志愿者活动，积极开展走进社区的便民服务和普法宣传等志愿者活动，为居民提供法律咨询等相关服务；高校要结合心理学、历史学、社会学、社会保障等专业，进行社会化的志愿服务工作，结合寒暑假社会实践，鼓励学生到革命老区和乡村贡献力量。开展特色志愿者活动，能够创新高校青年志愿者的工作，发挥高校的优势和特色，提高资源配置效率。

---

① 王满玉.高校青年志愿者团队建设与社会文明推动意义的思考[J].青年与社会，2014(13)：145.

2.创新应用学分制,改革志愿者协会管理机制

高校共青团要积极推动改革高校青年志愿者协会的管理机制,将志愿者协会纳入高校考核和学分制体系,完善高校志愿者协会服务管理体系,促进志愿者协会朝着规范化、制度化和系统化方向发展。将学分制引入高校青年志愿者协会管理体系,一方面有利于促使大学生积极主动参与志愿者活动,培养大学生的社会责任感;另一方面有利于规范高校青年志愿者协会的管理体系,使其有序健康地发展,更好地引导大学生参与到社会志愿服务当中。

3.遵循发展规律,完善志愿者活动运作机制

高校要遵循和深入探索青年人的身心发展规律和社会发展规律,不断丰富高校青年志愿者活动的内容和形式,并且不断完善志愿者活动的运作机制。首先,要保证志愿者活动运行的可行性,要结合当地实际情况和社会人民的实际需求,来策划志愿者活动,从而推进志愿者活动的有序开展。其次,高校共青团要将志愿者活动落地,切实保证志愿者活动的真实性和有效性。高校共青团要积极组织志愿者到基层和社区服务,让大学生体验生活,观察基层干部的日常工作,面对面接触老百姓,要让大学生在志愿者活动中有真切的为人民服务的体验和自我价值的提升。

(二)创新高校青年志愿者协会工作原则

1.志愿服务与学校定位及社会责任相结合

高校共青团要根据社会的需要和时代的要求,找到正确的定位,把高校志愿工作摆在突出位置,将志愿服务与高校的定位和特色相结合,推动高校志愿者服务活动特色化。另外,可以将志愿工作纳入高校管理实践和教学实践中,严格监测和考核高校志愿者工作的水平,将志愿者工作落到实处,发挥其应有的社会效益,培养一批有社会责任感的青年大学生。

2.志愿服务与大学生思想道德教育相结合

为了增强大学生社会责任感和为社会服务的意识,可以将志愿者服务纳入人

才培养目标体系，以此将志愿服务和大学生的思想道德教育进行有效融合。高校通过举办一些实效性强、有意义的志愿者活动，让大学生在志愿者活动中潜移默化地强化责任意识、团队意识和奉献精神。这有利于引导大学生树立正确的世界观、人生观和价值观，有利于增强大学生的自信，促进大学生自我价值和社会价值的实现。

3.志愿服务与完善激励机制相结合

高校青年志愿者协会需要完善激励机制，将志愿服务和激励机制进行有效结合。激励机制在志愿者工作中扮演着重要的角色，是保证志愿者工作顺利有序开展的必要条件。高校共青团和高校青年志愿者协会可以通过颁布志愿者证书、授予荣誉称号、精神激励和物质奖励相结合等方式，提高大学生在志愿者活动中的积极性，促使他们在志愿者活动中有更好的表现，发挥自己的所能为他人提供服务。

此外，高校共青团还需要不断拓宽各种渠道和运用多种手段，发展志愿者服务活动，完善参与志愿者活动的途径和通道。同时培养公民和大学生的参与意识，增强大学生的参与能动性和积极性，从而推动高校志愿组织的发展建设，让社会的志愿资源真正流动和组织起来，使志愿精神得到广泛发扬，推动和谐社会蓬勃发展。

第四节　高校共青团领导方式创新

一、高校共青团领导工作方式创新

(一)高校共青团领导工作思想和相关理论研究创新

新时代下,共青团工作要把握好时代的脉搏,紧跟社会热点,把握好共青团的核心问题,以解决问题为导向,创新高校共青团领导工作思想和相关理论研究。具体来说,高校共青团理论要紧扣中华民族复兴和实现中国梦的主题,聚焦如何创新共青团工作和如何将改革创新的时代精神融入共青团工作,准确把握工作的根本任务、政治责任和工作主线,切实服务于青年学生的成长成才。高校共青团要更新领导组织理念和领导工作思想,结合领导力理论研究,提高高校共青团领导能力。高校共青团的这种能力是高校各级团组织领导力和广大团干部领导力的合力,通过目标制定、决策、组织和分配的环节来体现。关于高校共青团领导力理论的研究还需要和共青团的实际工作相结合,通过创新理论来指导实践,并在共青团的工作实践中补充和完善高校共青团领导力理论。

领导力的研究与高校共青团工作的理论融合,共同构成了高校共青团领导力的理论来源,并赋予了高校共青团领导力两方面显著的基本特征:一方面,高校共青团领导力体现了高校共青团的政治属性,有助于各级高校团组织通过思想政治教育活动、思政宣传活动等不断巩固共产党执政的高校青年群众基础;另一方面,高校共青团领导力有助于实现高校共青团的立德树人功能,有助于各级高校团组织从新时代高等教育改革创新发展的要求出发,肩负起育人为本的重要使命。

(二)以高校学生的成长需求为工作导向的创新

新时代高校共青团工作的宗旨是以满足高校青年及其现实社会切实需求为目标,彰显“以青年为本”的理念,以成长需求为导向,切实解决高校青年在现实生活中最关心的利益问题。高等教育改革的重要原则之一是突出高校学生的主体地位,并以满足学生个性发展需求为发展目标。由此观之,高校共青团的工作必然是紧紧围绕着“高校学生的成长需求”这个核心展开的。高校学生成长需求在新时代经济发展、社会进步中不断变化，推动着高校共青团基本理念、活动方式和工作模式的转变。这不仅对传统共青团工作方式提出了创新的挑战，也表明了共青团工作理论突破与发展的迫切性。高校学生不断变化的成长需求决定了高校共青团的工作要求。高校学生随着社会变化产生了新的行为模式和利益诉求，这给高校共青团的组织服务工作提出了更高的标准，要求高校工作要进一步提升实效性、协调性和整体性。在实践中，这些更高标准的要求的实现过程也是高校共青团工作不断规范化、整合化和系统化的过程，最终推动着高校共青团工作能力的提升和组织长远的发展。①

(三)高校共青团领导管理理念的创新

管理理念体现的是高校共青团领导对高校团工作及其管理行为的看法、观点或信念，是高校共青团领导者的领导观。高校共青团领导管理理念在高校共青团的实际工作中外化为高校团组织领导者比较固定的态度和行为反映，在形式上可以表达为一系列语句。如：管理的本质是控制。管理工作是一门艺术，新时代下的高校共青团领导应当创新管理理念：将“控制”为主的管理理念转为“激励、引导”为主的管理理念。高校团组织领导者的传统管理理念重在监控、监督、管制，从某种程度上来说，这种理念在过去的管理中起了很大作用，但随着社会的发展，这样的管理理念已经不能满足现实的管理需要。人们的一切活动都是在一定的理论指导下进行的，现代领导活动更需要领导理论的自觉支配。在新的经济全球化、知识经济和信息时代，领导活动日趋复杂，瞬息万变，尤其在我国社会主义市场经济转型的变革时代，我们面临大量前所未有的矛盾和问题：既有经济社会的，也有生态环境的；既有人与人之间的，也有人与自然环境之间的。要完成十分繁杂的新的历史任务，就要掌握现代领导理论，明确和把握领导工作的基本规律、原则、原理、程序以及领导的艺术和方法，就会在实践中有更多的预见性、全局性和科学性，就能通过不断更新领导观念，从战略全局上自觉把握领导活动的规律，自

① 刘丰林.论新时期高校共青团领导力的影响因素与提升策略[J].理论月刊,2014(7):173.

觉迎接领导活动中的各种挑战，做具有战略眼光和善于驾驭全局的现代领导者。①

二、高校共青团领导结构创新

（一）高校共青团领导年龄结构合理分布

从高校共青团领导班子的年龄结构来看，不应该一味地追求干部年轻化，应该构建层次相对均衡的年龄结构。年轻干部对新事物的学习能力相对较强，且一般拥有更强的创造力；年龄较大的干部工作经验较为丰富，善于把握机会和识别风险。只有年龄结构合理分布，才能打造一个具有现代化建设能力的领导队伍。此外，相对均衡的年龄结构不仅可以防止因为资历与能力相近而导致的互不服气的情况，也可以给培养高校共青团干部和稳定领导班子创造有利条件。高校共青团领导中层班子和高层班子都应有若干个年龄段。②各个年龄段的人看问题和处理问题的角度方式都不同，较高年龄段的人做事情相对成熟稳重，可以帮助领导班子中较低年龄段的人处理高校工作，给予他们工作意见，这有利于保证高校共青团工作的有效性。较低年龄段的领导创新思维更活跃，可以激发高校共青团组织的活力。

（二）高校共青团领导知识结构科学组合

从知识结构的科学组合角度出发，高校共青团领导班子应当统筹配备通才和专才。通才即博学多才的领导者，他们工作和生活作风严谨正派，政治上比较成熟，能深入联系群众，且善于照顾全局，这种通才应放在高校共青团领导班子的关键位置上。专才即具有较强的专业能力和一定的组织能力的领导者，他们善于把决策计划或方案付诸实施，必要时还能现场进行指导，也是高校共青团领导班子中的重要人才。一方面，高校共青团领导班子需要专业人才指导对应专业领域的相关工作，这有利于保持在高校共青团工作中特定领域的专业性；另一方面，高校

---

① 易钢，周振琳．现代领导学[M]．广州：华南理工大学出版社，2007：10.

② 王淑贞．关于领导班子群体结构问题[J]．北京农学院学报，1988(1)：105.

共青团领导班子也需要综合素质全面、知识和经验丰富的人才，这有助于统筹协调好高校共青团工作。

（三）高校共青团领导性格类型合理配备

高校共青团领导班子从成员的气质和类型来看，应当是不同气质、不同性格类型的人的合理配备。[①]高校共青团领导班子中抑郁质气质类型人过多，高校共青团领导组织则会缺少创造力和内在活力。高校共青团内胆汁质气质类型的人过多，则会各执己见，形成无政府状态，影响高校共青团工作效率。因而在高校共青团组织领导结构中，应当将抑郁质、胆汁质等不同气质类型的或不同性格的领导合理配套，在建设高校共青团组织结构中，应注意将不同类型的领导放在相应的组织结构单位上。[②]例如：抑郁质气质类型的领导者可以放置在专业性较强的技术岗，胆汁质气质类型的领导者可以放置在不同部门如人力、物力、财力、信息等的岗位。

（四）高校共青团领导群体结构合理设计

创造型领导和经验型领导应该科学统筹配备。创造型领导，其优点是思维灵活且富有勇于开拓的精神；其短板是欠稳、易躁，一旦决策失误可能会造成重大损失。经验型领导一般有丰富的阅历和领导经验，其虽善于掌握政策，但一般缺乏强烈的创新精神。[③]两种类型的领导各有优势，高校共青团领导群体结构中应当科学配备这两种类型的领导，使其优势互补，以此更好地发挥高校共青团的群体结构优势，促进高校共青团工作更高效开展。高校共青团组织中的人才是各式各样的，不同的人才有不同的特点，为了建立一支为提高组织效能奠定基础的人才队伍，各种组织人才的科学合理配备是至关重要的。目前，高校共青团领导者的作用尚未得到充分发挥的重要原因之一是人才队伍结构不够科学合理。只有进一步优化高校共青团领导班子的群体结构，才能充分发挥人才队伍优势。总而言之，科学配备不同类型的人才是高校共青团领导群体结构变革的前提。此外，要

① 冯鑫.基于性格气质差异的员工管理研究一项调研分析[D].桂林：广西师范大学，2014.
② 李宁.领导班子结构错配的典型表现与调整之策[J].领导科学，2018(15)：24.
③ 王淑贞.关于领导班子群体结构问题[J].北京农学院学报，1988(1)：105.

谨慎考虑领导队伍过度年轻化的问题,注意处理好文凭和水平的关系,致力于构建科学合理的高校共青团领导群体结构,这样才能发挥领导队伍集体优势,提高工作效率。①

三、高校共青团领导个体素质提升

从领导者的基本素质要求上看,高校共青团创新型领导和其他不同类型的领导一样,都应具备一般领导者的素质。但是,高校共青团创新型领导在领导理念、领导行为、领导方式等方面与其他类型的领导仍存在差异,即高校共青团创新型领导本身创新意识更为强烈,相应的创新能力也比较强,他们非常重视改革创新,这种行为倾向,其实是高校共青团领导后天个体素质养成的综合作用的结果。高校共青团领导唯有具备"变革"所需要的素质,才能称为"创新型"的领导,才会在高校团组织工作中乐于变革,勇于创新。换言之,高校共青团创新型领导除了要具备一般共青团领导所必需的素质外,对所必需的素质的要求也更高,甚至应该具有一般共青团领导所没有的素质,例如:拥有强烈、先进的创新意识;始终坚持实事求是的作风;具备扎实的理论基础;养成战略整合的思维;拥有正确的权力观念。以上素质的综合作用,对高校共青团创新型领导不断积极创新、勇于变革有根本影响。

(一)高校共青团创新型领导要具有强烈的创新精神

领导创新精神指领导者综合运用自身的经验与知识,提出新观点、新想法或建设性意见,在高校共青团工作中进行发明、改革的思维能力、勇气和意志。先进的创新精神是构成创新型领导者诸多素质的核心,正是由于具备这样的精神素质,高校共青团创新型领导才能在高校共青团工作过程中,在听从上级指挥,服从于团组织安排的基础上积极创新。高校共青团领导的创新精神主要表现为以下几个方面:一是领导具有变革创新意识,人的思想是其行为的指挥棒,没有创新意识,领导几乎不可能创新高校共青团的管理工作。相反,高校共青团创新型领导在高校共青团工作中,能够用强烈的创新意识引领自身创新领导行为。二是对领

① 罗萍.贯彻落实科学发展观 做好高校干部工作[J].新世纪论丛,2006(1):17.

导创新思想和创新思维的执行力要求，需要领导敢想敢做、不惧困难将思想转为创新行动的魄力。三是勇于承担改革创新带来的相应责任，并积极保护高校共青团工作改革创新的结果。[①]

（二）高校共青团创新型领导要具有实事求是的作风

实事求是，坚持客观事实是创新型领导者必备的工作作风。正所谓“没有调查就没有发言权”，实际上，任何类型的领导者都应该拥有实事求是的基本素质，尤其是创新型领导者，这是因为所有的创新与变革都建立在一定客观事实和客观规律的基础上，只有在实事求是的基础上，领导者自身才有可能充分发挥主观能动性，从而打破陈规进行团组织创新探索，最终做好高校共青团工作。高校共青团的主要工作对象是一群思想活跃、有不同追求的新时代青年人，领导者在工作过程中可能需要处理一些较为琐碎繁杂的事情，因此在工作创新过程中，只有不急不躁、脚踏实地，才能够切实赢得群众支持。高校共青团创新型领导实事求是的作风体现为以下几方面：一是工作态度认真负责，做事脚踏实地，做本职工作尽心尽力，不弄虚作假、敷衍了事，更不搞形式主义伪造政绩；二是在领导活动中，深入联系高校青年学生，亲近社会群众，注重实践且反复调查研究，相对客观地识别存在的问题和矛盾，不片面地去追求质量和效率；三是勤勤恳恳对待高校团工作，坚持客观原则，不盲目给下属布置不合理的工作任务。

（三）高校共青团创新型领导要具有扎实的理论知识

除了需要拥有实事求是的基本素质以外，具备扎实的理论知识也是高校共青团创新型领导的基本素质之一。首先，高校共青团领导的工作背景是不同于一般社会环境的、较为特殊的“高校”环境，高校是学科知识前沿的代表，假如领导缺乏扎实的理论知识便难以在高校有较好的发展。其次，扎实的理论知识功底是领导推陈出新，摈弃因循守旧思想，在创新高校共青团工作和解决现实问题过程中透过现象看本质的知识基础。因此，具有扎实的理论知识是高校共青团创新型领导必须具备的基本素质。一是必须扎实掌握马克思列宁主义、毛泽东思想、邓小平

① 邓宏林，石武祥．创新型高校团委领导者的素质研究[J]．广西教育，2016(15)：83.

理论、"三个代表"重要思想、科学发展观、习近平新时代中国特色社会主义思想等政治理论知识，拥有正确的价值观，树立起坚定的政治信仰，在工作过程中自觉维护党和人民群众的根本利益。二是具备扎实的法律理论知识，且将法治思维贯穿到高校团工作的方方面面，在创新工作中依法领导。三是具备工作业务中涉及的相关专业知识。扎实的专业知识，有助于为领导者在推进创新变革实践中提供理论知识指导。扎实的理论知识基础，既是高校共青团领导胜任工作岗位的基本前提，也是他们通过不断调整自身以适应高校团组织外部环境变化，以便更好地履行领导职责的重要基础。

（四）高校共青团创新型领导要具有战略整合思维

创新已经成为我国国家战略主题，创新是现代领导的必备能力。创新型领导是带领创新型人才实现自主创新战略的领军人才。[①]创新型领导要推动组织的创新与发展，必须具备战略思维，站在全局的视角看待问题、处理问题。高校共青团组织的战略发展具有全局性、方向性、可持续性等特点。由于创新行为本身就是对未来的一种假设性探索，因此前瞻性也是组织战略发展较为突出的特点之一。这要求高校共青团领导在谋求创新乃至变革的工作过程中，必须实事求是，在了解客观事实并把握客观规律的基础上做到高瞻远瞩。实际上，战略整合思维是高校共青团创新型领导必备的素质，这种素质对领导有很高的能力要求。这主要体现为，高校共青团领导唯有具备统筹全局、善于协调、战略规划、合理配置与利用组织资源、构建组织愿景等能力，才能进行有前瞻性、整合性、可持续性的创新工作；在工作过程中从高校团组织的长远利益和整体利益出发，抓住问题的重点，分析问题产生的深层次原因，解决问题的主要矛盾和矛盾的主要方面；能够把握全局，协调各部门共同参与工作，有效协调高校共青团各项工作顺利开展；科学合理地整合和配置与高校共青团工作相关的人、财、物力等各种资源；处理好高校学生个性成长与全面教育，教学与活动等的矛盾。由此可见，高校共青团创新型领导的战略整合思维素质，对于高校团组织把握好现在与未来、学校与学生、共青团工作与学校工作的关系，实现综合发展，形成高校发展合力有着至关重要的意义。

---

① 陆沪根.建设创新型国家与领导创新能力[J].中国浦东干部学院学报,2008(5):77.

(五)高校共青团创新型领导要具有正确的权力观念

高校共青团是以“服务社会、服务高校、服务青年学生”为目标的组织，其创新型领导必须培养合法且民主的权力价值观，树立起科学健康的政绩观，正确认识和使用手中的权力。正确的权力价值观是高校共青团创新型领导有效运用权力的第一准则，也是高校共青团创新型领导科学创新团工作的重要素质。领导者的职位权力具有强制性，假如领导者的权力来源仅仅是由具体职位衍生出来的单一权力来源，这时下级对领导者权力的服从更多的是来自外在的威慑力，而缺少心灵深处内在的对领导者个人的认可和追随。高校共青团创新型领导往往拥有良好的政治素养，具备正确的权力价值观，深刻认识到“权力来自于人民的授予或委托，当权力凌驾在人民之上时，其便失去了合法性”。因此，高校共青团创新型领导应当有强烈的“为人民服务”的思想，才能将创新工作围绕人民群众展开。正因为拥有民本思想，创新型领导在行使权力时往往率先垂范，时刻严格遵纪守法，不会滥用权力、以权谋私，而是合理使用权力进行组织创新战略规划，以民本思想为指导，紧密联系群众，从而为高校共青团组织的创新发展奠定良好的民意基础。

高校共青团创新型领导作为一种重视改革与创新的领导方式，所具备的素质结构与其他类型的领导不尽相同。这种独特的素质内容和素质结构，要求高校共青团创新型领导与时俱进地培养自身创新精神，贯彻实事求是的工作作风，不断充实自身理论基础知识，以及培养战略思维和正确的权力观念。高素质的创新型领导，本身具有一种以创新潜质的显现为前提的人才特征，又具有以良好精神状态为表现的人格特征和综合素质，能以其高素质的创新领导能力，宽广的国际视野，鼓舞人心的理念和目标远景，良好的人格魅力凝聚、吸引具有高创造性的创新型人才。这是实现自主创新型国家重要的人才支持。①高校共青团创新型领导的五种基本素质，对于促进高校共青团领导采取创新型的领导方式在不同方面各有侧重，缺一不可。这五种素质相互影响、相互作用，共同构成了高校共青团创新型领导完备的素质能力结构，也正是这五种领导素质之间的综合作用，使不同领导素质外化为领导者具体的领导行为和变革行动。这种由不同领导素质外化而来的领导行为和变革行动，对于高校共青团工作的改革与发展、高校学生的成长以及高校的战略发展具有至关重要的作用。

---

① 陆沪根.建设创新型国家与领导创新能力[J].中国浦东干部学院学报,2008(5):78.

第五章

工作方式创新：双重交融提升团组织凝聚力

第一节　高校共青团工作方式创新概述

当今,创新是社会发展的不竭动力,是时代发展的永恒主题,是一个组织得以生存和发展的重要保证。而青年作为社会发展过程中最具活力和创造性的群体,是创新和创造的生力军,应走在时代创新发展前列。作为引导、教育和服务青年的组织,高校共青团要想在新形势发展潮流中有所作为,获得更大的发展空间与活力,就必须在创新中拓展新的天地,追求观念创新、方法创新、管理和运行的机制创新。[①]只有不断更新思维、观念和工作方法,才能适应复杂多变的形势与环境,在工作中处于主动地位。作为联系服务青年学生的团组织,面对社会发展的趋势,青年学生的多样化需求,高校共青团工作必须随社会需求的发展变化进行创新,通过综合运用现代管理方法和线上线下多种方式,在思想上、行为上引导青年,使其跟随时代发展的步伐,代表着时代发展的方向,同时适应知识经济时代发展的需要。通过创新共青团的工作帮助青年学习新知识,培养新观念,增强学习先进科学技术的能力,养成不断学习、主动学习的习惯,最终牢固树立终身学习的观念,促进青年全面成长。

一、高校共青团工作方式创新的内涵

创新指在特定的环境中,利用现有的文化知识和客观物质条件,本着满足社会需求的目标而改进或创造新的事物或方法,并能获得一定有益效果的行为。一般而言,工作方式的创新主要包括意识创新、思路创新、工作创新、方法创新等几个方面。[②]随着高校团组织改革的深入,面对高校共青团工作过程中出现的"机关化、行政化、贵族化、娱乐化"等现实问题,高校共青团工作面临着新情况、新挑战。因此,推进高校共青团工作方式方法改革创新已成为必然要求。随着经济社会的发展变化,特别是网络时代的到来,高校共青团正面临着新的机遇和挑战。高校共青团工作方式创新主要包括凝聚青年学生的组织方式创新、变管理体系为动员

① 王宜勤.高校共青团创新工作的思考[J].福建农林大学学报(哲学社会科学版),2002(4):61.
② 王向南.高校共青团工作方式创新的多维视角[J].长春大学学报,2009(6):106.

的创新和畅通学生利益诉求的表达方式创新等几个方面。[①]高等教育大众化的趋势、自主择业、网络媒体快速普及、教育体制改革进程加快等新情况、新特点，要求高校共青团务实创新，提高创新实效性，故而提出高校共青团工作创新应从模式创新、组织创新、方法创新等几方面着手。[②]

学界对高校共青团工作方式创新的已有研究，对此并无明确清晰的定义，相关研究主要关注从内容、工作形式方法等方面进行的工作方式创新。本书对此界定为：高校共青团工作方式创新是指高校共青团为应对高校学生工作的各种复杂情况、提升服务青年学生的效益和质量而进行的工作方式方法的调整和改进，包括内容、手段、模式、组织方式创新等诸多方面。

二、高校共青团工作方式创新的原则

2015年7月习近平在中央党的群团工作会议上发表重要讲话并强调："党的群团工作肩负着庄严使命。工会、共青团、妇联等群团组织一定要坚持解放思想、改革创新、锐意进取、扎实苦干，切实保持和增强党的群团工作和群团组织的政治性、先进性、群众性，组织动员广大人民群众更加紧密地团结在党的周围。"[③]高校共青团主体的先进性、任务的政治性以及地位的关键性等特征都决定了高校共青团工作是全团工作的重要组成部分，是共青团工作的重点。抓好高校共青团工作，就稳住了共青团的基础，就奠定了党的青年群众的工作基础，能通过高校共青团的辐射影响，为全团提高影响力发挥更大作用，带动全团工作的开展。高校共青团作为党联系青年学生的桥梁和纽带，在进行工作方式创新时，应遵循以下原则：

（一）党建引领团建

高校共青团是群团组织中的重要组成部分，是党团结、联系广大青年的重要组织，必须把自身始终置于党的领导之下，在思想政治以及行动上同党中央保持

① 丁凯.新时代高校共青团工作方式的创新路径探析[J].福建教育学院学报，2020，21(1)：54-56.

② 王向南.高校共青团工作方式创新的多维视角[J].长春大学学报，2009(6)：107-108.

③ 习近平出席中央党的群团工作会议[EB/OL].(2015-07-07)[2021-8-29].http://www.xinhuanet.com/politics/2015-07/07/c_1115847839.htm.

高度一致。高校青年团在面对培育社会接班人的使命与社会变革时,面对社会发展的多元价值倾向,其工作方式创新必须遵循党建引领的思想政治工作原则,这一原则要求保持团组织建设的政治性,调动广大青年团员深入学习习近平总书记重要论述,引导青年大学生听党话,跟党走,提高思想政治觉悟。在开展团组织工作时,高校共青团要善于将政治理论学习与多样化的工作方式创新相结合,开展深刻、生动形象的团组织活动,吸引调动青年学生积极向党组织靠拢。

(二)追求先进、育人成才

高校是培育高等人才的重要场所,是充满理论知识创新、技术创造的地方,代表着社会发展的进步方向。高校青年团作为高校和中国共产主义青年团的重要组成部分,作为党联系青年的桥梁和纽带,是青年大学生学习先进思想的地方。因此,高校青年团不仅担负着教育青年学子掌握知识能力的任务,还承载着思想引领、塑造培养价值观的使命责任,必须主动适应时代的发展变化,时刻保持先进性。要保持先进性,要求高校共青团必须牢记习近平总书记"保持和增强群团组织的先进性"的重要嘱托,以团的先进性建设为目标,组织广大团员青年系统学习马克思主义、毛泽东思想、邓小平理论、"三个代表"重要思想、科学发展观和习近平新时代中国特色社会主义思想,深刻领会习近平总书记系列重要讲话精神以及十八大以来党中央的路线方针政策、管党治国的重要创新思想、社会主义核心价值观等。[①]高校青年团工作方式创新是团组织工作保持先进性的重要载体和体现,要通过方式手段的创新促进共青团组织的先进性建设,持续提高团的创新活力与能力,真正把高校共青团建设成为先进、开拓发展的青年之家,以满足青年大学生对新知识、新思想的渴望和需求。

(三)靶向服务青年

中共中央办公厅、国务院办公厅印发《关于进一步加强和改进新形势下高校宣传思想工作的意见》指出,要立足学生全面发展,努力构建全员全过程全方位育

① 坚持政治性先进性群众性做好高校共青团工作[EB/OL].(2015-08-16)[2021-8-29]. https://www.163.com/news/article/BG0AI0GB00014AED.html.

人格局,形成教书育人、实践育人、科研育人、管理育人、服务育人长效机制,增强学生社会责任感、创新精神和实践能力。可见,高校共青团工作强调要以学生群众为主体,坚持学生群众的主体性地位。共青团是集聚优秀青年的组织,群众性是团组织的重要特性。高校共青团工作方式要尽可能地凝聚、团结、动员青年,思青年学子所思,想青年学子所想,给予青年学子支持与信任。目前,社会的高速发展带来社会需求的多样化,青年大学生也不例外,他们的需求特点发生了巨大变化,若共青团工作方式还停留在原地,不进行创新,则将无法满足青年大学生的需求。为适应学校发展需要和满足学生需求,高校青年团创新工作方式应该有针对性地服务青年需求,有计划地围绕青年的理想担当开展多形式、丰富性的团建设活动。通过搭建平台,提供社会实践活动,营造氛围,不断提升青年学生素养,增强学生生活体验,加强团组织凝聚力和向心力,让共青团成为贴近青年、服务青年的坚强堡垒。

三、高校共青团工作方式创新的类型

(一)创新拓展组织平台

高校共青团在开展工作时的重心应该是追逐青年还是引领青年?这是值得高校共青团认真思考的话题。反思高校共青团近年来的工作方法,在快速发展的新媒体时代背景下,共青团在工作中仓促地追逐新媒体传播方式,积极打造各种平台,可能刚积累些许经验,又被信息时代中快速发展的技术和青年学生更突出的鲜明的具有代际特征的思想所消解。所以高校共青团工作应主动与信息技术进行深度融合,通过借助信息技术,构建学生参与课外实践的成长模型,真正融入学校人才培养大局。[①]结合高校共青团工作的实践,高校共青团组织应该在巩固青年学生班集体建设的传统中,勇于借助QQ、微信等工具不断拓展共青团组织工作平台,在虚拟组织和现实组织相互结合之中,将高校共青团的组织平台不断地扩大。[②]

---

① 高贵和.以改革的视角对高校共青团工作再审视[EB/OL].(2020-05-22)[2021-08-29].http://www.ahyouth.com/news/20200522/1454711.shtml.

② 丁凯.新时代高校共青团工作方式的创新路径探析[J].福建教育学院学报,2020,21(1):55.

(二)完善宣传工作方式

我国经济社会的快速发展,在不同层面和程度上影响了高校学生的思想观念,使得学生的思想呈现出多样化特点。在快速发展的信息社会中,高校学生已成为主要的信息接收者和信息传播者,体现在思想观念、生活行为习惯和交友处事方式等方面也发生了较大的变化。尤其是进入新媒体时代,在处于新媒体快速便捷的信息传播环境中,高校学生的行为方式发生了较大的变化,呈现出线下实践转为线上间接过渡的媒体行为。因此,高校共青团应本着以人为本,服务青年的原则,根据青年学生接收信息的特点,利用线上线下宣传方式,利用包容互动的特点,通过微博、微信等平台及时把握学生的思想动态,努力拓展活动新载体、新方式,开拓高校共青团组织工作的新领域、新阵地。在发布信息、招聘志愿者、活动宣传等方面,共青团应利用新媒体技术创建权威平台,将信息快速、及时地传达给广大青年,完善宣传工作方式,并收集反馈信息,占领青年宣传工作阵地。①

(三)转换工作思维

良好的工作意识是做好共青团工作的基础,工作意识清晰,能使共青团工作有一个明确的目标导向,并且运用尽可能多的手段与方法调动共青团拥有的资源,从而实现其目标。习近平总书记多次强调要有“本领恐慌”的忧患意识。②对于高校共青团组织来说,现在的在校学生思想活跃,紧跟时代发展的步伐。所以,只有在学生觉得跟着团组织能真正学到东西时,他们才会打心眼儿里佩服和尊重团组织及其成员,才会主动跟着组织走,以个人的感召力提升组织的凝聚力。高校共青团要彻底去掉“花架子”,沉下心去学习,俯下身去学习,学哲学、学历史、学法律、学管理、学科技,这里的学习不是为了考试,也不是为了显摆,而是为了让团组织有内涵、有底气、有尊严,是为了让青年真正对团组织服气,从而跟共青团有思想上、精神上的碰撞。

---

① 杨勇,常瑜.新媒体背景下高校共青团宣传思想工作创新机制研究[J].教育教学论坛,2016(16):256.

② 高贵和.做青年工作:不能成了青年的尾巴[N].中国青年报,2018-12-17(2).

(四)转变工作管理模式

面对社会转型带来的社会发展变化,高校青年学生群体呈现出快速流动和需求多样化的特征。高校共青团为适应变化、寻求自身发展,必须转变团的工作管理模式。为在最大范围内覆盖青年、凝聚青年,高校共青团的工作管理方式应从纵向的金字塔形管理转向横向多元的社会网状结构,建立起富有弹性和韧性的工作管理机制,进而优化高校共青团工作管理格局。为此,高校共青团要在以团组织活动为主干的同时,尽可能扩大青年工作的活动范围,开展多样化的社会性、行业性活动,形成上下左右融会贯通的工作框架,使青年的各种需求得到周到、全面的满足。①

① 吕福春.论共青团工作方式的创新[J].中国青年研究,2004(11):91.

第二节　线下工作方式创新

一、线下工作方式创新原则

(一)实践融入原则

高校共青团是联系广大青年的组织,主要是围绕学校开展工作,融入教育发展全局,服务学生。习近平总书记曾明确指出,共青团干部作为高校思想政治工作队伍的重要组成部分,特别强调要注重发挥共青团、学生会组织和学生社团的作用,重视加强第二课堂建设,重视以文化人和实践育人。[①]第二课堂被认为是第二大育人载体,是高校学生根据兴趣爱好组成学生组织,助其提升能力、适应社会、最终成才的平台。与第一课堂相比,第二课堂更强调青年学生通过参加实践活动提升自身的综合素质。高校学生社团大多是共青团组织成立的学生活动组织。作为高校社团发展的主要引领者,共青团的工作应该融入大学生的生活实践中,辅助学校、教师育人,其工作方法应汲取新元素,创新线下社团组织活动,优化工作机制,使工作形式生动活泼,充满生机与活力,不断为高校培养全面发展的人才作出贡献。

(二)扁平化原则

2021年2月4日至5日,共青团十八届五中全会召开。会议强调,抓落实对于共青团有着非同一般的现实针对性,要把抓落实和讲政治统一起来,要推动全团在思想方法、制度机制上进行一次深彻革新,真正建立科学、规范、精准的工作导向和项目化、扁平化的工作机制,实现管理机制革新,着力改变粗放式、随意化的工作方式和管理模式,探索建立一整套工程化的管理体系,以深化改革提升共青团抓落实的能力和效果。在实际运转的共青团管理工作机制层面上,信息传递过程存在层级关系过多、容易遗漏和曲解信息等问题,导致基层团组织接收到的信

① 共青团中央书记处.充分发挥高校共青团在大学生思想政治工作中的生力军作用——深入学习习近平总书记关于高校思想政治工作的重要论述[N].人民日报,2017-01-26(9).

息效力弱化，实际执行效果大打折扣，工作力度不够。[①]如高校共青团思想引领工作是高校政治工作中的重要组成部分，实际的思想引领工作的开展是需要一系列层层落实、级级响应的一项复杂性活动。如果把思想引领工作想成简单的事务性工作，就会达不到预期的效果，因此高校共青团工作方式的扁平化是组织工作开展的必然要求。在具体的创新实践中，高校共青团工作活动应去行政化，减少中间层级，提升组织效能，融入学生当中，发挥青年学生的主体作用，通过面对面、点对点的方式直接与学生沟通交流，提升沟通效率，增强团组织活力。

（三）创新发展原则

创新是高校共青团和青年学子不断前进、发展进步的动力。青年学生作为富有创造力的主体应该走在时代发展前列。如今，创新已经是个人或组织生存发展的重要保障。高校共青团作为教育和服务青年学生的组织，也必须跟随时代发展的潮流，在新形势下努力进行线下工作方式创新以获得更大的发展空间和活力，这也是共青团在新时代得以生存和发展的必然选择。近年来，党和国家对高校的思想政治教育工作给予高度重视，习近平总书记曾指出："做好高校思想政治工作，要因事而化、因时而进、因势而新。要遵循思想政治工作规律，遵循教书育人规律，遵循学生成长规律，不断提高工作能力和水平。"[②]做好高校思想政治教育工作，同样要求共青团进行工作方式创新。然而，当前高校思政教育工作中，各部门联动工作方式和机制还未理顺，加之社会思想价值观念多元化发展，新媒体技术发展使得信息传播渠道多样化，这些都对传统的线下工作方式构成了挑战。因此，高校共青团线下工作方式要紧跟时代前进的步伐，利用新的发展机遇和技术，积极进行创新，改进不合时宜的工作方法，提高工作实效。

二、拓展融合育人立体场域

活动是承载思想内容的载体，高校共青团组织活动应以思想道德、价值观念为核心。但是，当前高校共青团确实存在活动热热闹闹、思想冷冷清清的问题，并

① 陈海涛.新时代加强和改进高校共青团工作路径探析[J].法制与社会，2020(6)：163.

② 习近平.论党的宣传思想工作[M].北京：中央文献出版社，2020：277.

且针对这个问题还没有形成成熟、系统的主张和论述。当代青年是有个性、有想法的青年，他们思想活跃，思维敏捷，接受新思想、新事物的能力强。这就要求高校共青团要不断加强学习研究，形成团组织工作的“思想市场”，多向青年学生提供受欢迎的优质思想观念。[①]此外，随着科学技术的迅速发展以及新媒体技术的传播运用，通信交流变得非常迅速。新媒体技术承载着丰富的信息资源，不仅丰富了青年大学生的生活方式，也使他们的思维视野更为广阔。但是，在新媒体信息传播的过程中也夹杂着复杂、形式多样的不良信息或错误思想。青年正处于思想价值观形成的关键时期，易受到不良思想的影响。针对青年学生思想状态差异化与多样化的现状，高校共青团难以继续通过传统的工作思路进行思想引领，共青团工作应当根据青年的需要和新媒体的特点，拓展思想政治工作内容，设计贴近青年的思想内容与工作思路，牢牢把握意识形态，引领新思想。[②]

三、搭建青年成长成才平台

高校共青团既是联系和服务青年的组织，也是积极组织校团活动，调动青年学生积极参与社团和社会实践活动，提升青年学生实践能力、综合素质的重要主体。然而，在高校规模宏大、参与人数众多的活动中，虽然高校共青团组织的力量得到了发挥，但是青年学生个体的身心体验、观念表达也易被忽视，这使得青年学生的主体地位未得到应有的体现。很多时候，共青团组织与青年学生之间的服务关系被颠倒，呈现出不是共青团组织服务学生，而是学生服务共青团组织的状况。因此，在工作中，高校共青团需要时刻秉持尊重青年、读懂青年，以“读你千遍也不厌倦”的态度，让广大青年当主角，而不是当配角和当观众；要立足青年学子成长成才的需要，搭建能够让学生施展才能、增强学生主体意识的平台，真正将学生置于主体地位，更大限度地激发其能动性，提升其获得感，同时也体现共青团关爱学生、尊重学生、服务育人的重要价值。

---

① 高贵和.以改革的视角对高校共青团工作再审视[EB/OL].(2020-05-22)[2021-08-29].http://www.ahyouth.com/news/20200522/1454711.shtml.

② 吴昊，李忠莉.浅谈高校共青团工作模式创新思路[J].科技信息，2012(35)：646.

案例1

安徽理工大学土木建筑学院：打造“群体效应”，开启“众创模式”①

——大学生多元异质型创新群体培育工程

2015年3月，（安徽理工大学）土木建筑学院团委批准成立大学生探究型发展团队流动团支部。目前该流动团支部共有成员48名，设置团支部辅导员1名（学生专职辅导员兼任），团支部书记1名，团支部副书记2名，团支委委员3人，团支部下设四个团小组（按照四支类型各异的大学生探究型发展团队划分），每个团小组12人，团小组组长1人，副组长2人。

当前我们正处于“万众创新、大众创业”的伟大时代。大学生是最富活力、最具创造潜力的群体。时代呼唤创新，学生渴望创新。“青年学生不是一个需要填满的罐子，而是一颗需要点燃的火种。”作为基层团干部，我们紧紧瞄准学生成长的“渴望点”和“切入点”，尊重“异质”、精准“滴灌”，以学生“差异化需求”为导向，对学生分类进行精细化培养和个性化指导，实现有差异的进步和渐进式成长，使“差异”成为推动学生个体发展的动力。我们坚持“试点先行、逐步拓展、以点带面、影响一片”的工作思路，逐渐探索出具有团学特色的青年大学生多元异质型创新群体培养模式。三年来，该项目取得明显实效，团队不断壮大，呈现出“点亮一盏灯，照亮一大片”的群体效应，相关成果不断推广，社会影响不断扩大。

一、项目缘起

当前社会对人才培养提出了更高的要求，呈现出“需求多元化”和“素质全面化”趋势，要求我们要树立“多样化人才”和“人人成才”观念，促进高校人才培养“差异化”和“精细化”，以彰显高等教育育人的时代魅力。高校基层团干部离学生最近、给予学生最多、与学生关系最密切，深度影响着每一名同学的人生格局、思想境界和成长发展之路。针对学生不同的兴趣和个性化需求，我们辅导员应坚持以学生“差异化需求”为导向，面向全体，承认差异；把握个性，尊重差异；因材施

① 安徽理工大学土木建筑学院：打造“群体效应”开启“众创模式”——大学生多元异质型创新群体培育工程[EB/OL].（2016-01-27）[2021-08-29].http://theory.people.com.cn/n1/2016/0127/c401479-28090119.html.

教，善待差异。设计开发个性化平台，充分发挥我们在学生成长过程中“价值塑造、能力培养、素质养成”和“知识传递、心灵陪伴、资源支持”的作用，对学生进行分层分类精细化培养和个性化指导，从而使学生有差异地进步和成长，使“差异”成为推动学生个体发展的动力。

二、主要做法

（一）立足“差异”，尊重“异质”，促使青年学生团员“差异化成长”。

1. 顶层设计：明确“多元异质型创新群体”培养总体思路。以全面摸排学生的“特殊才能”为基础，以兴趣导向为切入点，组建“尖刀班”，成立四支类型各异的“大学生探究型发展团队”，配备“学生导师”和“团队导师”，激发学生的创造热情、好奇心和求知欲，促使学生将兴趣转化成创新实践，孵化出创新型学生典型，进行宣传，推进“典型示范”，形成“滚雪球”效应，孵化出更多多元异质型创新群体。

2. 试点引路：形成“多元异质型创新群体”培养典型示范。坚持“试点先行、逐步拓展、以点带面、影响一片”的工作思路，聘请学院高年级“创新创业创优”学生典型，成立4名学生组成的“三创”拔尖“学生导师”团队。结合学生高考档案及对自己所带大一年级362名学生性格特点、兴趣爱好、特殊才能的全面摸底，初步选出80名具有创新创业潜质的学生，由“三创”拔尖“学生导师”团队4名成员成立面试小组，与80名学生进行面对面交流，考核遴选出初期的28名“雏鹰学员”。采用“学生申请+辅导员搭台+虚拟班级创建+师父带徒弟”的模式，辅导员牵头组建“雏鹰尖刀班”，建立“土木年华”QQ群，积极开展学生创新创业教育；该“班”以“自主探究型大学生发展团队”“社会实践型大学生发展团队”“创新创业型大学生发展团队”和“文体竞技型大学生发展团队”等四支类型各异的大学生探究型发展团队为基层单位，定期组织团队学员开展“创造学精品课程在线学”、“创新原理课堂学”、“创新技巧现场学”、“头脑风暴金点子”、项目运行首席制、项目资金众筹制（翻）和创新典型可视化等活动。

3. 双轮驱动：打造“师生协同创新成长共同体”。经过前期充分沟通，以学院辅导员为主体，成立跨学科辅导员工作创新团队，实现“辅导员工作创新团队”与“大学生探究型发展团队”双轮驱动，致力于大学生探究型创新实践活动。如申报大学生创新创业训练计划项目，经过前期充分讨论，确定申报课题指南，面向团队成员发布，进行招标，可以确保课题研究达到预期效果；再如，辅导员工作创新团队发布社会实践调研课题，组建大学生社会实践团队，参与撰写调研报告，提高调研报告质量，增加获奖概率，增强社会实践实效性，激发学生积极性和荣誉感。辅导员申报自身科研课题及从事学生工作理论研究，可以依托学生这支力量，进行社会调查，形成调研数据，为自己的专业化、职业化发展奠定基础。这为打造“师生协同创新成长共同体”提供了有效模式。

（二）凝“心”聚“神”：构建“开放互动+体验共享”的学习共同体，培育团队合作精神。摘编《人民日报》《光明日报》《中国青年报》评论员文章，锻炼系统思维。定期组织流动团支部团小组下设“学习互助小组”学习研究已摘编的《人民日报》《光明日报》《中国青年报》评论员文章；每周定期从《新闻联播》《焦点访谈》《青春中国说》等节目里，遴选对学生最有价值的内容进行编辑，引导学生对其进行生动、接地气的点评，融入和强化引导功能，培养学生的系统思维能力和团队合作精神，激发学生自我“主动成长”的协同意识，在潜移默化中凝聚流动团支部的集体荣誉感，增强团支部的“战斗力”。

（三）试行团小组“组长提名轮岗制”。团小组是团支部的细胞，细胞健康，支部成长。学院大学生探究型发展团队流动团支部制定团小组组长选举办法，根据四支类型各异的大学生探究型发展团队划分，将28名学生团员分为4个团小组，团小组实行“年度考核制”。团小组组长人选由每组学生团员提名，并公开选举产生，在确定组长后，由其提名副组长人选1—2名，经全体小组成员选举产生副组长。团小组产生后，制定该发展团队年度工作目标和计划，报团支部批准。在团小组年度考核时，团支部以工作创新项目和工作成果汇报的形式进行考核表彰。实行“组长提名轮岗制”以来，流动团支部学生团员的自我管理与自我教育能力明显提高，民主意识、集体观念、团队合作精神和集体荣誉感明显增强。

三、创新启示

（一）找准学生成长的“渴望点”和“需求点”。我们要以学生“差异化需求”为导向，找出学生成长的“渴望点”和“需求点”，同时帮助学生全面、客观地审视自我和他人并明确下一步的发展目标，激发学生“主动成长”的意识和潜能，提升学生自我成就感,促进学生自省和自我成长。

(二)团干部要像凸透镜,不让学生迷失在"刀背"上。团干部要引导大学生把时间和精力集中到提升自我"持续发展核心竞争力"这个焦点上来,使学生不再迷茫、远离网游,促进学生自我的全面发展。

(三)团干部要有"过程意识",专注做"鞭策者"。学生核心素养的养成和提高,不是搞几个活动就可以实现的,它需要用一项活动反复陶育,持续推进,不断培养、提高、积淀,内化为品质,外化为行动。

(四)注重培育"典型",打造"鲶鱼"群体效应。群体行为理论认为,个体行为极易受群体的影响。我们要提高大学生"多元异质型"群体培育效果"可视化"程度,增强该典型群体的吸引力、辐射力和影响力。

(有改动)

第三节 网络工作方式创新

中国网民数达9.89亿，他们构成了全球最大的数字社会。[①]在这种背景下，青年受互联网、新媒体的影响，行为方式、思维逻辑发生了很大的变化，青年和青年组织形态呈现出多元化、原子化、碎片化的趋势。面对越来越多的青年运用互联网思维进行思考和实践的现实，共青团工作转型成为必然选择。

一、网络工作方式创新原则

（一）把握正确的政治方向

青年在哪里，团的建设和工作就要延伸到哪里。当大多数青年都在刷微博、聊微信、玩抖音时，共青团深刻认识到，进入网络空间，与青年进行深度接触和交流，是必须要做的一件事。高校共青团要主动适应信息化网络生态环境，坚持以青年为本，坚持改革创新，将网络新媒体摆在团的工作和建设中的全局性、战略性、基础性位置，举全团之力，打造活力四射、影响广泛、触手可及的“网上共青团”。

网络作为新兴传播媒介有多方面的功能，但高校共青团在借助网络开展工作时，要牢牢把握为党和国家的舆论宣传服务的纲领，及时传递党和国家的声音，坚决杜绝将共青团的网络工作定义为完成绩效的工具以及主张网络与政治保持距离的错误观点。网络空间具有的信息资源的海量性和思想文化的多元性，网络运行的开放性、快捷性和全球性，信息传播的互动性和共享性，网络文化生活参与的大众性和平等性，网络文化存在形态的虚拟实在性等特征，使网络环境下思想政治教育过程各要素发生了重大变化。[②]面对网络环境的复杂性和网络信息的海量性，高校共青团在积极融入年轻人的“新世界”时，必须把握好政治方向，弘扬时代主旋律精神，维护中国特色社会主义意识形态，占领网络宣传主阵地。

---

① 中华人民共和国商务部.中国网民数达9.89亿 构成全球最大数字社会[EB/OL].(2021-02-04)[2021-10-13].http://www.mofcom.gov.cn/article/i/jyjl/e/202102/20210203036974.shtml.

② 黄永宜，刘莹，魏钢.构建和运用网络思想政治教育方法的原则[J].淮阴师范学院学报(哲学社会科学版)，2011，33(3)：407.

(二)注重双向交流互动

以纸质媒介为代表的传统媒体,虽能广泛地传播信息,但由于缺少传播者与阅读者的互动沟通而呈现出逐渐式微的态势。而互联网正是凭借着互动性、免费性和全域性的特点,一改过去“单方面演讲”的形式,迅速占领了社会传播媒介的大部分市场。这些改变要求高校共青团在开展网络工作时,要坚持与青年群体互动,了解他们的思想动态与现实需求,做到积极听取、吸纳网民意见和建议,不厌其烦地做好解释工作,旗帜鲜明地做好舆论引导工作,及时回应网民意见和利益诉求。共青团的网络工作不仅仅是党和国家的宣传渠道,更是培养人才的重要渠道,要快速融入青年群体,解答他们的困惑,以通俗易懂和生动鲜明的方式传播马克思主义理论和中国特色社会主义思想,通过双向的交流推动青年们自觉地认识与学习马克思主义理论和中国特色社会主义思想,成为新时代的新青年。

二、推进“互联网+”工作模式构建

(一)构建“互联网+”工作模式的背景与意义

打造触手可及的“网上共青团”,是做好新时代共青团工作的必然趋势。当越来越多的青年聚集在新兴网络平台时,要加强对青年群体的覆盖和引领,就必须进驻网络空间,着力开拓新平台、新阵地以及全方位、全覆盖的团属新媒体矩阵,真正做到哪里有青年,哪里就有共青团的声音。①在技术上,由于4G、5G等网络技术的发展,手机等移动网络设备也迎来了爆发式增长,以往没有条件和时间上网的人群可以通过手机使用网络。在需求上,青年群体在好奇心和求知欲的助推下成为活跃于网络上的主要群体,他们愿意拥抱新生事物,愿意去挑战未知领域,更加愿意在网络上发出自己的声音。基于此,构建适应网络社会的全新工作模式必将成为共青团工作转型的应有之义。“互联网+”工作模式的意义在于其理念和机制的新颖,它可以利用数字信息和网络平台,借助互联网覆盖面广、传播速度快、互动性强的特性,反哺共青团的具体工作,利用互联网具备的优势特点,创造新的

---

① 团廊坊市委.指尖传递温度 促进“三力”提升 全面推进“互联网+”工作模式[J].中国共青团,2020(16):71.

发展机会。这对共青团工作提出了更高、更新的要求——如何在“互联网+”时代团结力量，如何将中国特色社会主义思想深深植入每一位青年的心中，并引导他们成为建设时代的主力军。

（二）共青团网络工作现状

当前，中国共青团主要运用微博、微信、Bilibili、抖音、QQ等新媒体技术形式，进行粉丝动员、意识形态传播、政治社会化乃至促成新媒体事件。[①]在众多网络媒体平台中，以微博的“@共青团中央”和各级“@共青团”，以及微信的各省市共青团公众号为代表，中国共青团组织透过网络连接着全国共青团团员和绝大部分青年朋友，倾听他们的想法，帮助他们解决困难，引导他们的发展。

1.微博的“@共青团”

2013年12月27日，“@共青团中央”微博上线了。这不仅标志着覆盖中央、省、市、县四级团组织的新媒体矩阵的形成，更吹响了全团进军网络新媒体的嘹亮号角。几年下来，人们欣喜地看到，共青团已成为各大平台上的“网红”、“KOL（关键意见领袖）”。“@共青团中央”微博粉丝数超过千万，稳居政务新媒体方阵前列，各级各类团属微博数量超过7.2万个，相关微信公众号数量达2.1万个；共青团陆续进驻知乎、Bilibili、QQ、今日头条、网易云音乐等平台，并结合不同平台特点主动发声；在火爆网络的抖音、快手、微视等短视频平台和各大直播平台，也出现了共青团的身影。“只要青年在的地方，无论千山万水，团团都赶来见你。”团中央进驻Bilibili时的开篇语中的这句话，在青年网友中普遍传扬，已经成了共青团的“网上宣言”。[②]各级共青团在网络中积极发声，通过微博平台发表多篇重要文章抨击西方虚假作态，针对西方的意识形态冲击予以有力的回击，引导青年群体正确看待西方文化与做法，维护中国特色社会主义制度；在如“嫦娥工程”“南京大屠杀死难者国家公祭日”等事件中，发文发言，号召广大青年既要学习科学文化知识，勇于探索星辰大海，也要勿忘国耻，大力建设我们的国家，保卫来之不易的和平。这些

① 涂凌波.从“一体化”宣传到“混合型”传播——以中国共青团网络政治传播活动变迁为中心的讨论[J].新闻大学,2019(11):39.

② 陈凤莉.打造“网上共青团”[N].中国青年报,2018-06-19(1).

号召得到了网络中青年群体的高度认可与赞赏,能帮助他们辨别西方的“糖衣炮弹”,牢牢坚守住思想底线;鼓励新一代的青年学生更加主动、更有拼劲地建设社会主义,向着中华民族伟大复兴梦想奋斗。

2.微信中的“共青团”

目前,全国各级各校共青团组织均已在微信公众号平台开通账号,形成了全方位的共青团宣传阵地。共青团公众号以青年朋友的身份给青年学生推送重要文章与鼓励话语,试图用青年学生喜闻乐见、易于接受的话语表达形式进行思想政治教育,话语风格由严肃性、政治性向青年化、大众化、生活化方向转变。[①]同时,共青团大力筹备并线上推广《青年大学习》栏目,每一期都邀请不同地区的高校学生和思想政治课教师作为宣讲嘉宾,根据当地“红色文化”特色和时代主题需求,结合视频传播的形式向全国各校共青团团员宣讲“红色故事”和解答现实疑惑,并设置了配套的课后练习题方便团员们加强学习记忆。《青年大学习》栏目一经推出便受到了绝大部分共青团团员的喜爱,他们通过视频更清晰、深入地了解了革命年代的故事,更深刻地理解了青年人的历史使命与责任。

(三)高校共青团的网络建设路径

1.扎实构筑“青年之声”互动社交平台

建设网上共青团,必须秉持青年为本的理念。互联网的普及和运用,为共青团更加广泛地整合资源和更为普遍地服务青年提供了重要技术支撑。2015年4月28日,团中央正式开通了“青年之声”互动社交平台。“青年之声”互动社交平台以反映青年呼声、回应青年诉求、维护青年权益、服务青年成长为宗旨,累计访问量超过100亿人次,收到咨询、求助和问题反映超过2000万条,有效回复近千万条;建立了1.3万个服务联盟,开展各类主题活动22万余场,覆盖青年7000多万人

① 刘佳,陈培璐.“微时代”背景下高校共青团微信建设现状与思考——以湖北省7所高校共青团微信为例[J].北京邮电大学学报(社会科学版),2016,18(2):21.

次。[①]与此同时，高校团组织也可以在微博、微信、门户网站等平台上有序、有力地构筑网络阵地，使青年学生的心里话、烦心事、新想法都能在“青年之声”中找到回应，还可以让团组织更好地了解每一位学生的精神面貌。高校团组织在推进具体工作的过程中，必须坚定信心、增强韧劲、保持定力，发挥网络平台各个方面的综合服务功能，努力形成共青团直接面向青年开展活动与服务的“网络生态圈”，打通联系、服务青年的“最后一公里”。

2. 倾力打造“智慧团建”系统

建设网上共青团，必须推进组织形态创新。随着信息化及“大数据”时代的到来，现实世界和网络空间已经交织形成了一个互联共通的全新格局，这既给共青团的传统组织形态带来了冲击与挑战，也为共青团推进组织形态创新提供了机遇与可能。建设“智慧团建”系统，就是要优化内部管理模式。团组织传统的以纵向为主的层级制管理模式难以在新时代吸引青年学生，为了增加其对青年群体的黏性，我们可以通过融合互联网的管理模式，在各级团组织建立起全面覆盖的基础数据库和信息化工作平台。建设“智慧团建”系统，就是要扩大团组织的影响力。多元社会组织蓬勃发展，使青少年服务走向社会化、市场化、多元化，这在一定程度上冲击了共青团的传统青少年业务[②]，共青团组织可以借助互联网无缝链接的特性，在与社会组织的联络中建立起平等合作的关系纽带。建设“智慧团建”系统，就是要深挖服务青年群体的工作潜力。当代青年在思想和行为层面都展现出向往自由、富有朝气的状态，共青团组织要把握好新时代脉搏，探索在网上进行团务管理的方法，落实网上组织生活制度，努力打造全新的“活力支部”，不断提升共青团组织建设的时代性。

3. 充分融合网络信息流

“高校共青团在课堂教育、主题活动、社会实践、志愿服务等工作中运用传统媒体的基础上，充分利用新媒体技术，既可与传统媒体融合，使其不断发展，也可

---

① “青年之声”：共青团+互联网的时代担当——“青年之声”互动社交平台建设两周年纪实［EB/OL］.（2017-04-28）［2021-10-15］. https://news. youth. cn/wztt/201704/t20170428_9606779.htm.

② 魏国华. 智慧团建：互联网思维下共青团转型发展［J］. 中国青年研究，2014(5)：46.

以利用新媒体的新技术、新手段，以满足不同形式、不同群体、不同需求下开展团的工作需要。"[①]团组织可以依托微信、微博等网络平台，将国家、学校以及上级团委最新的通知、新闻及时传达给每一位团员青年，让他们能了解团的最新指示精神，从而有针对性地开展团日活动，保持团组织的活力。高校团组织借助互联网倾听青年群体的真实声音，解答青年群体的成长困惑，宣传党和国家的相关精神，其最终目的是要将广大青年群体聚合起来，使他们紧紧围绕在建设中国特色社会主义的旗帜下，最终与青年朋友们共同开创新时代。

三、实施网络学习产品化战略

（一）产品化战略的概念

如果将高校共青团看作是在网络环境中与其他竞争对手争夺"市场份额"（宣传影响力）与"客户"（青年群体）的"企业"，那么高校共青团必须围绕产品化的战略打造属于自己的旗舰产品，以实现"企业目标"。产品战略是企业对其所生产与经营的产品进行的全局性谋划，是企业为了在激烈的市场竞争中获得优势，在生产、销售产品时所运用的一系列措施和手段。[②]按照产品开发战略的观点对共青团的网络学习产品开发进行改革，我们可以运用领先型开发战略来开发网络公开课，在课堂安排方面，减少传统的单一"说书式"课堂要素，增添青年群体喜闻乐见的互动交流模式；在课程建设方面，联合校外优秀社会组织或事业单位共同开发金牌课程，邀请多元化的主讲人开展"圆桌会议"，调动青年学生的参与积极性。但是，团组织开发必须注意以当代青年需求为导向，多元化开发网络产品栏目，丰富青年群体的多样性需求，不断推出符合时代需求和团员认可的精品课程。

（二）实施产品化战略的要求

1.坚持政治引领

政治优势是共青团引领青年坚定理想信念，把握政治方向，产生政治认同的

① 陈菊平.新媒体对高校共青团工作的影响及对策研究[J].青少年研究，2010(3)：56.
② 杨春华.企业战略管理构建与实施[J].中国电力企业管理，2020(6)：50.

主要优势。随着“互联网+”时代的到来，多元社会思潮和非主流意识形态借助网络平台对青年群体进行思想渗透，使共青团的权威性受到了前所未有的挑战。[①]高校共青团在网络产品开发工作中，一定要坚持以政治引领为纲，紧紧围绕在中国共产党周围，向广大青年宣传党的政策和思想，把思想政治引领效果作为评价高校共青团网络工作成效的重要标准。高校共青团要深化政治引领这条主线，打通思政课程建设的“最后一公里”，做强、做实正面宣传主阵地。

2.确立产品定位

有一部分政务微博或公众号盲目推送栏目和内容，脱离建立网络宣传阵地的初衷，疯狂追求KPI（关键绩效指标）的显现成绩，以完成上级交代的任务的不良思维和心态推进共青团网络工作。因此我们在改革中一定要摒弃这种思维和心态。高校共青团网络学习产品化战略的根本目的是运用网络媒介占领宣传制高点，扩大共青团在青年群体中的影响力和号召力，一切产品开发都必须围绕这一根本定位推进。

3.明确内容导向

舆论引导是以内容为核心的，它通过内容在高校共青团中起到的作用，在舆论机制与教育机制之间找到一个共生点，并贯彻落实团结为主、宣传为辅的理念，将各类内容有效地整合到一起，以此来展现出内容本身的针对性与时效性价值，进一步推动舆论工作的开展。[②]在“流量为王”的网络世界，寄居着各种为博取他人眼球而无底线地“秀下限”的人物和行为，他们通过夸张的话语和暴力的行为从网络中攫取利益，可以说这是一种对网络、对社会都有极大危害性的行为。高校共青团组织在开展网络工作时要坚持以优秀向上的内容引领青年思想，秉持对未来的美好向往，敢于同邪恶势力作斗争，携手新的青年一代共同抵制网络中的污秽，共同创造一个积极健康的网络世界。

---

① 王海金，冯浩.“微时代”共青团政治思想引领工作的三重向度[J].广西青年干部学院学报，2020，30(6)：44.

② 蔡震宇.新媒体视域下的高校共青团舆论引导工作机制探究[J].公关世界(理论版)，2020(22)：96.

(三)网络学习产品开发路径

1.课程内容专题化

在互联网时代下,建立青年需求的网络公开课要做到课程内容具有针对性,特色鲜明活泼,突出网络文化内容供给。共青团要主动创造、推介和传播内容准确、形式丰富、感染力强的新媒体文化课程,通过“微课程”讲好“大道理”。党中央、团中央重要讲话精神,青年网络公开课,主题团日活动,三会一课,网络主题活动,校园舆论热点事件等都是网络公开课的内容资源,高校共青团应抓住时机,以大学生关注的热点为蓝本,利用数字化技术,创造有内容、有热度、有能量、有特色的网络公开课。比如,专项新闻报道公开课,让青年早知天下大事;特色人物访谈公开课,发挥榜样的示范作用;刊载理论文章公开课,让青年的思想深度激荡;共享青年故事公开课,传递青年感悟。

2.课程形式多样化

高校共青团积极适应共青团深化改革新形势,牢牢把握思想政治引领这一核心任务,其统筹组织工作、引导工作、服务工作和维权工作有序开展并相互联动,服务青年学生成长成才。在现实中,高校共青团网络学习产品开发要统筹各项职能、融合线上线下课程。其一,根据组织部门、宣传部门以及具体的团属职能部门不同的工作内容与工作形式,进行分类网络思想引领,实现课程形式多样化。其二,线上线下课程通过校园广播、电视、报纸等传统媒介与共青团网站、手机学习软件、微信公众号、微博、贴吧等网络媒介实施产品化战略,如传播合理内容、培养专门工作人员、配合其他工作开展、进行工作规划等。其三,课程多样化,必须依托校、院两级“网格化”组织结构,做到上有工作指示,下有实施操作,切实增强青年学生思想的政治性、先进性,利用新媒体使图文、视频、音频等多种信息进入体系,实现组织内部的全面覆盖,形成多样化的课程形式。

3.课程体系产品化

针对青年群体思维活跃和易于接受新生事物的特点,团组织的网络课程战略以开发网络公开课、拍摄相关情景视频等为主体。课程体系运用产品化战略不断创新,根据青年需求不断进行改进,发挥全国高校共青团创设网络公开课的统筹协调作用,推动高校团委成立相应的组织、整合各方资源、共享课程经验。现行的网络课程评价体系割裂了传播主客体间的主体间性,网络课程缺乏互动反馈数据的评价指标,只关注到传播源单向输出的受众面积。团组织应在评价体系中增加受众对传播课程的反馈的热度指标,构建双向评价体系。同时,要使课程体系产品化还要把握青年的特点,强化问题导向,注意把握青年的思想认知规律、话语体系特点、运动行为习惯,有针对性地开发网络课程,才能增强学习宣传的吸引力和感染力,引导青年学生坚定理想信念。

第四节 线上线下融合型工作方式创新

在新形势、新需求下,线上线下融合型工作方式创新就是打造“新媒体宣传矩阵”与“共青团全面融入社会建设”。新时代共青团工作应树立互联网思维,积极以大数据、云计算、人工智能等信息化技术,创新团务管理、工作管理和服务青年的方法和载体。共青团要通过打造各级各类共青团在网络空间中的新媒体宣传矩阵,努力在网络空间中传播好团的声音、讲述好青年故事、服务好青年群体。

一、线上线下融合型工作方式创新原则

(一)科学布局

对于青年群体的思政教育,高校共青团需全面考虑青年的实际需求与时代背景,在政治引领、舆论宣传和社会融入中,要坚持以通俗易懂的方式和话语引导青年,做广大青年朋友的“知心人”。在线下,高校共青团要注重凸显核心价值引领功能,结合本地青年的特点与需求,有针对性地开展服务工作,完善工作平台和体系,并向各级各类团组织推进,努力实现对各领域青年的广泛覆盖。[①]在线上,高校共青团要优化现有栏目架构,紧跟时事发展,更新推送内容,将工作触角延伸到各个主要网络平台,重点强化对突发公共事件的舆论引导与处理,联动多个行政、执法部门对“迷途青年”实施救援和严厉打击非法有害信息。

(二)注重创新

青年是社会上最富活力、最具创造性的群体,高校共青团作为引导、教育和服务青年的组织,要在新的形势下有所作为,获得更大的活力和发展空间,就必须在新时代中拓展新的天地,团组织要做到创新观念、改革方法、提升管理能力和优化运行机制。只有用新的思维、新的观念和新的方式方法开展工作,才能适应形势的变化,在工作中处于主动地位。[②]

---

① 团宁波市委.依托“青年之声”平台打造互联网版共青团[J].中国共青团,2016(3):23.
② 高雅楠.浅谈共青团工作的创新发展[N].林海日报,2018-03-13(4).

（三）有效交流

如果共青团干部的知识水平、经验积累跟不上身边的青年，“说科技说不上，说文艺说不通，说工作说不来，说生活说不对路，说来说去就是那几句官话、老话、套话，同广大青年没有共同语言、没有共同爱好，那当然就会话不投机半句多”①。共青团干部要想与青年真心交流，就要了解青年所喜爱的事物、研究青年群体的新思想，要做到心中有数、肚里有货。团干部的工作不仅是处理组织内部的固定事务，更需要认真倾听青年朋友的声音，知晓他们的困惑，引导他们的成长，鼓励他们成为新时代的建设者。

二、构建全媒体引领矩阵

在互联网时代“去中心化”的多元主体传播模式背景下，作为大学生思想引领主体的高校共青团也必须与网络环境中的多方媒体争夺青年群体的话语权。在某项调查中，“有66%的受访者表示同学转发推荐和社团活动是学校共青团新媒体获得大学生关注的主要渠道”②。可见，虽然以社会主义核心价值体系为指导的高校共青团微平台具有对大学生进行价值引导的权威地位，但其中心地位相对弱化，在青年群体中的话语影响作用不显著，这也进一步制约了高校共青团达成团结、引领青年学生的使命。

当前，高校共青团微平台话语影响力不足有主客观两方面的原因。主观上，高校共青团微平台普遍存在宣传推广力度不足的问题。高校共青团微平台在校内和校外都缺乏较大的知名度，这不仅不利于团组织声音的扩散和引领青年群体思想，更不利于青年朋友及时接收党的精神和团的倡议，找到精神上的归宿。高校共青团微平台宣传推广力度不足直接影响了其传播影响力与话语感召力。客观上，我国社会化微平台数量乘着互联网的“高速马车”呈现爆发性增长态势。截至2014年底，微信公众号数量已突破800万个。多元社会化微平台的繁荣在一定

① 中共中央文献研究室.习近平关于青少年和共青团工作论述摘编[M].北京：中央文献出版社，2017:83.

② 周碧蕾，郑灿玲，李维.“微时代”高校共青团思想引领与发展——以广东省高校为例[J].中国青年社会科学，2017(5):70.

程度上冲击了高校共青团微平台的话语影响力,社会化微平台以青年的兴趣为基底,能在短时间内吸引大量青年,并借着青年的社交需求成为他们朋友圈中的“必需品”。

(一)打造新媒体宣传矩阵

1. 打造新媒体宣传矩阵的必要性

基于新媒体时代的自媒体性、开放性、互动性以及实时性等特点,共青团组织正大力推进网络舆论引导工作,积极主动地进驻青年聚集的各类网络空间,力图打造覆盖面广、影响力强的新媒体宣传矩阵。当代青年利用微博等平台,充分表达自身的诉求和利益主张,并在其同龄人中产生广泛的影响;他们通过对社会重大事件的关注,表达自身观点,也展现出他们的价值观。因此,各级共青团组织通过积极开展微博大V建设的方式,引导青年的思考与学习,逐步推动网络舆论的形成,从而成为青年群体参与社会生活、政治生活的重要方式和有效途径。青年的生活习性与年轻的特质决定了他们善于接受新事物并从中汲取养分。习近平总书记指出,“各级党政机关和领导干部要学会通过网络走群众路线,经常上网看看,潜潜水、聊聊天、发发声,了解群众所思所愿,收集好想法好建议,积极回应网民关切、解疑释惑”①。当前,各类网络空间是青年学生聚集的重要阵地,因此共青团组织要进军网络新媒体领域,在微信、微博、知乎、抖音等平台上,形成覆盖面广、影响力强的新媒体宣传矩阵,针对青年学生的思维特点和接受习惯,努力开发好视频、好短片。②

2. 打造新媒体宣传矩阵的路径

(1)重视新媒体背景下的工作整合

要推动网络空间中的共青团建设,首先,应该从思想上注重宣传其先进性,并以其为核心正确引导青年学生。同时在技术上,要积极利用新媒体平台,通过微

---

① 习近平.习近平谈治国理政(第二卷)[M].北京:外文出版社,2017:336.

② 李杨,黄冠.浅论新时代高校宣传思想工作——以北京大学共青团宣传思想工作为例[J].北京教育(德育),2019(2):54.

信、微博等平台制作共青团宣传工作中需要的各类宣传资料，以青年群体喜爱的直观、生动、形象的方式，将这些信息传播出去，扩大团组织工作的覆盖面和影响力。其次，要打造一批批与青年生活息息相关的优秀内容，激发青年群体的共鸣，从而实现团结和吸引青年的目的。最后，通过新媒体平台的整合特性，汇总、分类和输出网络信息，拓宽共青团的工作范围，推动宣传工具的更新升级。

（2）多媒体融合提升工作效能

在传统媒体与新媒体相互交织的环境中，共青团要充分整合传统渠道与新兴事物各自的特长，尤其是在安排活动、宣传动员以及宣传报道时，要推动多媒体的有机融合，实现传统媒体与新媒体互嵌，实现共青团工作的全方位开展。如在开展调研工作中，团组织以某个群体的青年团员为样本进行问卷调查，在线下分发调查问卷并邀请青年团员积极参加调研活动，同时，为提高问卷的回收率，团组织还积极利用微博、微信等信息平台分发问卷，将问卷传播范围扩展到更广泛的团员之中。这不仅能使青年对当前的热点问题进行交流讨论，也能使调查范围和深度进一步提升。

（3）优化共青团宣传工作流程

优化共青团宣传工作流程的核心在于实现团组织宣传工作的全媒体、全领域布局，主动积极地运用各种媒介将信息精准投放给相应的“粉丝”，努力实现与目标群体的互动交流，让所宣传的思想在目标群体中形成主动传播的态势。团组织可以利用传统媒体的直接性、深度性等特点，向阅读纸质媒体的青年群体提供更有内涵、更有思考性的文章，打造传统媒介中的思想互动新风尚；同时，依据新媒体多元化、快节奏的特性，制作一批批优良且富有思想含义的宣传节目，以青年喜闻乐见的形式和内容传播党和国家的思想与要求。在打造新工作流程时要注重以下几个方面的工作：其一，在团组织内部要构建统一的信息发布平台，打造多种信息接入体系，实现组织内部的全面覆盖。其二，在各级团组织的纵向空间中推动形成一个全媒体运作方案，使各级团组织集体快跑进入数字化宣传时代。其三，布局不同类型的新媒体领域，包括微信、手机报、网络电视、移动宣传平台车等，实现信息集中放大效应，从而有效形成协同效应。其四，融合传统媒体与新媒体,构筑协同互补的宣传新格局,采用线上线下同步运转的新方式,最终达到宣传效率与宣传质量同步提高的目的。

(二)完善舆论反应机制

1.完善舆论反应机制的内涵

互联网时代背景下,高校共青团微平台的中心地位在一定程度上被削弱,在青年群体中的话语影响力不够显著。因此,为强化新时代高校共青团的思想引领,确保高校共青团能及时引导社会突发重大舆情,就要完善舆论反应机制,特别是重点打造适应互联网时代传播环境与传播规律的人才队伍,为高校共青团开展思想引领工作提供可靠的智力支持和人员保障。团组织要通过对舆情的及时引导与对时事热点的及时反应,起到对青少年的正向引导作用,着力引领当代新青年,使思想政治主旋律更加高扬。

2.建立舆论反应机制的路径

首先,团组织要深入学习宣传贯彻习近平新时代中国特色社会主义思想和党的十九大,十九届一中、二中、三中、四中、五中全会和二十大精神,帮助广大团员青年深刻理解当代中国马克思主义的丰富内涵、精神实质和实践要求,紧密结合自身实际学而信、学而用、学而行;要通过多种主题教育实践活动帮助青年树立对中国特色社会主义的道路自信、理论自信、制度自信、文化自信;要深入实施青年马克思主义者培养工程,培育一批又一批青年政治骨干投身于社会主义建设大潮;要深化军地团组织共建共育,在国防教育等方面形成强大合力。

专业人才队伍是新时代高校共青团履行思想引领职能的智力支持和人员保障,能确保共青团在面对数量多、高突发的网络舆情时及时反应,并结合时事热点和青年特点正确引导青年。高校共青团应始终坚持社会主义核心价值观指引,坚定共青团改革再出发的方向,结合新时代特征对工作理念及方式进行科学探索和设计。在工作实践中,高校共青团应培育和吸纳以“微引领”为发展定位的专门人才,重点培养网络宣传员和网络青年志愿者等先锋人员,使其能运用自身优势发挥榜样引领作用；推动传播先进思想文化，建立适合大学生成长发展的“微时代”新网络环境。

其次，要注重对网络自媒体，特别是其核心运营团队的思想引导与统筹管理。学生自媒体是高校共青团开展工作的重要载体。团组织要通过不定期和定期相结合的培养课程体系，推动高校共青团核心运营团队提高思想认识、自觉遵守新闻舆论客观规律、不断提升业务工作质量水平，有效支撑主流微媒体平台，形成和巩固网上共青团“集体发声”传播效应。

最后，要充分发挥高校人力资源优势。高校共青团可将马克思主义理论、新闻传播、通信技术等不同学科门类的优秀教师和优秀学生引入人才队伍建设中，结合共青团思想建设和工作特点，准确把握“微话语”逻辑生成与传播定律等，加强定点指导与专业培训，从而丰富和创新网络工作的手段、方式，促使共青团思想引领的网络阵地建设落到实处。

（三）打造自身的文化品牌

当前，高校共青团微平台深入开发互联网平台建设尚待加强，未能打造具有鲜明特点的文化品牌，这导致其内容传播力不足，与青年的交互效果欠佳，思想引领实效有待提升。为强化高校共青团思想引领，提升高校共青团的时代性，团组织需要将“微媒体”纳入重点打造范畴，打造符合共青团特色的文化品牌，增强团学内容传播力，通过建设“微平台”，推进“微活动”，铺开一个覆盖面广、针对性强、青年学生认可的“微矩阵”。例如，为搭建与青年学生深入交流的桥梁，拓展思想引领工作的渠道，丰富思想引领的形式和手段，广州团市委联合广州大学团委于2018年5月在广州成立广州青年文创工作室，探索如何用青年喜闻乐见的方式引领青年、服务青年。这是在“微时代”背景下，团的思想引领工作在载体手段上的延伸，也是内容形式上的创新。

同时，共青团建设工作要高度重视面向各类“微媒体”的思想文化建设，借助“两微一端”为代表的各类“微媒体”互动性强、高效、迅捷的优势，积极拓展网络思想教育工作的新途径。以“智慧团建”和“青年之声”项目建设为重点，通过“互联网+”的形式,打造覆盖全国各级团组织的全阵营,上下联动、横向沟通,扩大对青年的覆盖面。

1.搭建宣传教育新平台

发挥微信公众号、官方微博、“青年之声”客户端、主流门户网站等平台的影响力。例如,通过问卷、访谈等方式调研、分析当前青年的实际需求,丰富“青年之声”的内容,有针对性地开设党团知识答疑、心理咨询等版块,提高青年学生的思想觉悟;通过多元手段和内容宣扬红色知识和优秀传统文化,增强学生爱团、爱党、爱国的情怀;更新共青团门户网站界面与栏目,致力于把网站打造为学生喜爱的思想交流基地,提高青年学生的向心力;开发多终端设备入口,结合短视频、互动讲解视频的形式,吸引青年学生的兴趣,优化党团思想的宣传手段,实现思想引领的目的。

2.打造组织管理新平台

主动把新媒体运转理念与方式融入共青团工作的团组织建设、活动策划和舆情应对之中。例如,依托“智慧团建”,改进团组织设置、团员管理方式,延伸团组织的感知触角,解决“团员找不到团组织,团组织找不到团员”的问题;在各类校园文化活动的组织方面,可依托微博、微信等平台进行前期宣传与任务传达,确保每一环节的团组织和团员都能有效接收上级团组织的方案部署,还可以在活动过程中进行网络互动、直播互动,有效提升青年的参与度,进一步增强活动的吸引力;在处理各类突发舆情与重大活动节点方面,可借鉴新媒体的扁平化运营经验,压缩反应与处理的层级,疏通上传下达的环节,以快速回应社会疑问和正确引领青年思想。

共青团通过进驻青年网络空间拉近与青年之间的距离,建立统一宣传体系,打造新媒体宣传矩阵,及时引导舆情对时事热点作出反应,打造自身的文化品牌,增强团学内容传播力等手段在宣传引导方面取得了卓越成效。进驻青年网络新媒体推动了直接联系青年工作机制的落实。充分发挥基层团组织工作融于青年群团日常工作生活的优势,积极延伸团的触角,扩展团的引领范围,打通与服务青年的“最后一公里”,这使共青团真正成为广大青年身边有效、有力的存在。线上线下“青年之家”综合服务平台建设成功，推动了团的组织、工作、阵地的有机融合，打造了青年群团身边共青团的实体存在。共青团的各类网络新媒体平台融合发展，加强了与其他社会新媒体的合作与互动，实现了团的各级组织无缝联系青年、了解青年、服务青年的目的。

案例 2

打造“网上共青团”①

——五年来共青团网络新媒体工作综述

我国7亿多网民，超过70%是青少年……这是权威机构发布的调查数据，反映了当代青年网络生存的客观现实。

大力实施“网上共青团”工程，形成“互联网 + 共青团”格局，实现团网深度融合、团青充分互动、线上线下一体运行。这是《共青团中央改革方案》的任务部署，指导着全团锐意进取、砥砺前行。

五年来，共青团深入学习贯彻习近平新时代中国特色社会主义思想，主动适应信息化深刻变化，坚持以青年为本，坚持改革创新，将网络新媒体摆在团的工作和建设中的全局性、战略性、基础性位置，举全团之力，打造活力四射、影响广泛、触手可及的“网上共青团”。

进军青年聚集的网络空间

“只要青年在的地方，无论千山万水，团团都赶来见你。”团中央进驻Bilibili网站（以下简称“B站”）时的开篇语中的这句话，在青年网友中普遍传扬，已经成了共青团的“网上宣言”。

青年在哪里，团的建设和工作就要延伸到哪里。共青团深刻认识到，当绝大多数青年都在刷微博、聊微信、玩抖音时，要加强对青年群体的覆盖和引领，就必须瞄准网络空间，着力开拓新平台、新阵地。

2013年12月27日，“@共青团中央”微博、微信上线了。这不仅标志着覆盖中

① 陈凤莉.打造“网上共青团”[N].中国青年报，2018-06-19(1).

央、省、市、县四级团组织的新媒体矩阵的形成，更吹响了全团进军网络新媒体的嘹亮号角。几年下来，人们欣喜地看到，共青团已成为各大平台上的“网红”“KOL（关键意见领袖）”。“@共青团中央”微博、微信粉丝数超过千万，稳居政务新媒体方阵前列，各级各类团属微博数量超过7.2万个，相关微信公众号数量达2.1万个；共青团陆续进驻知乎、B站、QQ空间、今日头条、网易云音乐等平台，结合不同平台特点主动发声；在火爆网络的抖音、快手、微视等短视频平台和各大直播平台，也出现了共青团的身影。

这些空间中的共青团，被网友亲切地称作“团团”，这里没有空泛的说教，也没有生硬的照搬，有的是积极理性的观点、生动活泼的语言、亲切温暖的互动。很多网友说，看到了微博上勇敢正直的“团团”、微信上温暖积极的“团团”、知乎上聪明智慧的“团团”、QQ空间里热血青春的“团团”、B站里和大家“皮在一起”的“团团”，不同的样态、不同的风格，在青少年心间注入了同样真挚热烈的情感。

唱响引领青年的网络旋律

2018年清明节，一个名为《今天，请给他们一分钟》的H5在人们的朋友圈刷屏。这个H5用简洁的画面和体感技术，引导人们在这个慎终追远的日子，用1分钟默哀来祭奠革命英烈。产品发布后不到一天，就吸引1400多万网友在线参与，话题阅读量超过5亿次。这项由团中央发起的“清明祭英烈·共铸中华魂”网络爱国主义活动到2018年已连续举办了17年，特别是在移动互联网时代，连续4年推出爆款——2015年“献花留言”、2016年“描金碑文”、2017年“传递火种”、2018年“默哀1分钟”，在网上掀起了爱国热潮。

近年来，共青团以“青年好声音”网络文化行动和青年网络文明志愿者行动为统领，持续传播正能量、弘扬主旋律。从“我的中国梦”到“青年大学习”，从“中国制造日”到“我深深爱着这个国家”，从“光盘行动”到“阳光跟帖”，全团推出了一大批精彩纷呈的主题网络活动。截至2018年6月，已有30多个话题活动阅读量个个过亿。

同时，共青团中央还联合各大直播平台推出“团团直播间”大型栏目，邀请青年榜样、明星名人共话新时代，累计在线人数达6600多万人次；连续两年举办“网络青晚”，打破“次元壁垒”，COS圈、国风音乐圈、电竞圈、体育圈、主播圈等网络青年共同参与;发起“中国华服日”活动,激发青年群体对中华传统文化的热情;联合“蜗牛读书”推介“总书记同款书单”,联合“唱吧”动员网友“万人歌唱祖国”,联合B612向数百万网友分发“国旗贴纸”,联合“脉脉”引导青年网友“字述一年”,唱响励志奋斗的青年好声音。

正面宣传高歌猛进,对负面信息的抵制也未曾懈怠。对于那些攻击中国共产党的领导、危害国家利益的,对于那些影响青少年健康成长的,共青团就是要激浊扬清、正本清源。近年来,在曝光“台独”“港独”艺人、揭批“精日”分子、反对侮辱革命英烈等事件中,全团旗帜鲜明地发声,广大青年网友坚决行动,巩固和壮大了主流思想舆论。

打造滋养青年的产品体系

随着网络技术的发展,信息传播呈现出新特点,人们的阅读习惯也发生了巨大变化,具象化、浅阅读、碎片化等现象越来越普遍。共青团要如何适应这种变化,更好地教育、引领青少年呢?

“产品化不是点缀,而是战略!”共青团找到了这条正确路子——坚持理念创新、方式创新、手段创新,采取全媒化传播、可视化呈现、艺术化展示的方式,对宣传思想内容进行深入浅出的解读、包装和反复传播,使人们快速直接地形成印象、受到触动,从而达到入耳入心的目的。

“如果思想政治课都能这样上,那该多好啊!”网友“@独上单楼”在观看《如何抵御西方的精神殖民》后这样评论。该视频一经播出,就火遍全网、好评如潮。这样的青年网络公开课,团中央播出了23集,邀请知名专家、学者,用“TED演讲”的生动形式,解读青年关心的意识形态领域重要问题,被网友们誉为“一集正三观”。

2015年以来,全团深入实施宣传思想产品化战略,重点打造“青微工作室”品牌,创作并推出一大批导向正、质量好、人气高的网络文化产品。“青年大学习”产品体系、青年风采产品体系、共青团公开课体系、青年学党史产品体系等十大体系产品,目前已推出200多集,总浏览量达数十亿次。《跟总书记学》《中国好青年》《青春之我》《出彩90后》等视频节目广受赞誉,《今日中国,如您所愿》《拒绝冷漠,雷锋归来》《我们不一样》等网络短片看哭了无数青少年,*This is China*、《TG有点甜》等青春歌曲向世界展示了当代青年眼里的中国和中国共产党,受到国内外各大媒体的广泛关注。引导青年不再是长篇大论的理论灌输，而是鲜活生动的视听体验、润物无声的文化滋养。

在团中央这些拳头产品走红网络的同时，各级团组织的创作热情也得到了充分释放。北京共青团的"新时代青年说"、上海共青团的"街采"纪录片、江苏共青团的"脱口秀"、湖南共青团的"手绘团史"、广东共青团的微电影、青海共青团的民族音乐……各地团组织编创的优质产品如雨后春笋般涌现，为青少年提供了有温度、有味道、有营养的网络文化盛宴。

搭建服务青年的网络家园

互联网是宣传平台，更是工作手段。各级团组织积极利用网络新媒体联系服务青年、推动工作创新、加强资源整合，线上线下联动，在为青年的学习成长、创新创业、婚恋交友、权益维护服务，推进团建团务工作创新等方面，取得了很多新成效。

——"青年之家"云平台系统，在全团建设4万余个"青年之家"的同时，1.6万家"青年之家"和团的领导机关进驻云平台，让青年可随时查看、参与团组织举办的丰富活动。

——智慧团建系统，完成一期建设并在山东省实施试点工作，实现了全团基本信息数据采集管理和各项基础团务管理功能，全团已录入团组织239万、团员团干部1690万。

——"青年之声"互动社交平台，旨在反映青年呼声、回应青年诉求、维护青年权益、服务青年成长，上线以来受到了成千上万青少年的关注，为他们成长成才提供了许多帮助。

——"青少年维权在线"，向全国青少年提供免费的法律、心理服务，并针对校园欺凌、"裸贷"、"邪典视频"、"变童"等现象和事件，配合公安、网信等部门进行处置。

——"志愿中国"信息系统，已有6600多万名志愿者、40余万个志愿服务组织在线注册，有力促进青年信用体系建设。

——"创青春"云平台，吸引5万家青创企业入驻，"掌上双创生态圈"建设初见成效。

借助互联网的力量,共青团新的工作阵地和品牌层出不穷,青年文明号、青年志愿者、“创青春”、“挑战杯”、青工技能大赛等传统品牌也进一步提升了参与度、优化了模式、扩大了影响,焕发出新的强大活力。一位通过网络报名参加了基层团组织“青年之家”活动的青年说:“共青团通过互联网实现了升级换代,为青年提供了零距离的服务和引领,团组织不在高楼深院里,团组织就在我们身边。”

网络在发展,社会在进步,共青团扎根青年的姿态永远不变。天地广阔,插上互联网的翅膀,新时代的共青团必将更好地团结青年,引领青年紧跟党的步伐,和青年一起不断谱写辉煌的青春篇章!

(有改动)

案例3

构建新常态下新媒体网络宣传格局①

一年来,校团委主动适应新形势下大学生思想引领工作呈现出来的新常态,强阵地、建队伍、发声音、重内容,把握青年思想传播规律和接受特点,切实把新媒体作为青年思想引导工作新的突破口,积极在弘扬主旋律、传播正能量、构建思想引领新阵地、服务青年学生成长成才中发挥作用。

强阵地,强化校园资源整合。校团委紧扣社会发展趋势和青年学生变化,按照“青年在网络空间的哪里聚集、共青团网络宣传引导工作就拓展到哪里”,“青年有什么网络需求,共青团网络工作就努力跟进”的要求,构建覆盖广泛、功能多样的共青团网络宣传引导工作阵地。完善机构设置,扩充安徽工程大学青年传媒中心,负责“安徽工程大学团委”官方微信、微博的建设运维以及对全校团属新媒体运行的监督和管理。

校团委基本构建了以网站为主体,以团属微信、微博、QQ、Myouth平台线上线下互动引领的共青团新媒体矩阵。目前,全校已开通团属微信订阅号18个,订阅用户137032人,建立起涵括校—院—班三级团组织以及团员青年的团学微博体

① 共青团安徽工程大学委员会.构建新常态下新媒体网络宣传格局[EB/OL].(2017-07-31)[2021-05-01].https://tuanwei.ahpu.edu.cn/2017/0731/c540a92101/page.htm.

系,受众累计14656560人次,Myouth平台已覆盖全校81个学生社团、7421名社团成员,创建团学骨干微信群、QQ群并将其作为团组织在网上联系、服务、动员、引导青年的基础阵地,实现团属新媒体平台对青年学生的全覆盖和多重覆盖。2016年,校团委建立了新生班级团支书工作群,可以与140多新生团支书直接沟通联系,调研基层动态;建立了学生干部工作群,可以和820余名主要学生干部直接联系,发布相关信息;建立了团代表和学代表工作群,可以和270名团学代表直接联系,了解学生关注的热点。由此,校团委完善了校院新媒体互动和共享机制,整合了校内新媒体资源,一定程度上改善了校级平台“单打独斗”、二级平台“一盘散沙”的无序局面,形成了互为支撑、有效联动的发展格局,有效提升了团属新媒体的影响力。

建队伍,强化网络宣传培训校团委积极组织发动青年学生将先进性和担当精神延伸到网上,打造坚强有力的青年网络宣传员队伍。2016年9月,校团委进一步强化新媒体宣传资源配备,扩充新媒体宣传骨干力量,委派1名专职团干具体指导新媒体网络宣传工作,邀请若干名专业教师进行业务指导,保证新媒体建设的师资力量。校团委招募了120名思想觉悟高、组织纪律强、业务水平高的优秀学生干部扩建青年传媒中心,负责团属新媒体平台的内容建设和运行维护,他们在开展新媒体调研、活动策划、创意设计、内容制作、纠错完善、分享评论等方面进行了积极的尝试和探索,成为新媒体建设的核心骨干。校团委还组建了1000名涵盖专职团干、学生骨干、团学干部、青年志愿者、创业青年等群体的青年网络宣传员队伍,这逐渐成为新媒体专职人员的有效补充力量。

在团队建设管理中,校团委对网络宣传员进行考核,开展评先评优活动,调动了网络宣传员的积极性和工作热情,实现了互联网思维的扁平化管理,既有“键对键”的线上互动,又有“面对面”的线下交流,切实凝聚起网络宣传员的向心力,做到了第一时间“找得到人,发得了声”。同时,依托原创文学活动载体,坚持“不求为我所有,但求为我所用”的思路,吸引了众多青年师生参与新媒体内容创作,为新媒体平台的发展注入了新鲜血液。还组织团学骨干参加各类网络宣传培训,通过集中培训、出校交流、网络学习等形式,加大对网络宣传队伍的业务培训力度,帮助网络宣传员熟悉网络传播规律，提升了校内新媒体网络宣传队伍的整体工作水平。

发声音，强化正确思想引领。校团委始终坚持围绕中心、服务大局的工作主线和“党性原则，青年喉舌”的工作定位，按照“党政所急、青年所需、共青团所能”的原则，“主动作为，把团旗插上互联网”，及时将党团的声音传递给广大青年学生。在日常网络宣传中，通过专题专栏、互动参与的方式，在党团政策发布、学校建设发展、重大节庆活动等中心工作上重点宣传，形成声势。2016年以来，校团委围绕“两会”“建党95周年”“长征胜利80周年”“十八届六中全会”“五四运动”“九一八事变”等重大事件和时间节点，策划了形式多样的网络主题宣传活动，传递党团声音，在网络上唱响青年思想引导的主旋律。紧扣学校招生、学风建设、文明离校、迎新军训、师生典型等青年师生关注度高的专题，以编创、传播内涵丰富、形式时尚的文章、动漫、图片、微访谈、微视频等网络文化产品为基本途径和载体，集中传播“青年好声音”。

校团委开通的“赤铸青年”栏目，至今推送14期人物展示，超过25000人分享和点赞，这彰显出了优秀团员青年的榜样示范作用，扩大了师生典型的影响力和覆盖面。校团委利用团属微信、微博平台，开展“优秀青年志愿者”“十佳大学生”“最美团支书”“我和团旗合影”等评选活动，讲述精彩校园故事，传递校园正能量，累计超过302580人次参与投票。在重大舆论热点问题上，及时发现上报，第一时间发声引导，形成正面声势；对网上的模糊认识进行及时引导，有针对性地处理网上盲目跟风的不当言论，广泛号召共青团员和各领域青年骨干在网上主动弘扬正能量、自觉抵制负能量、开展网络文明志愿活动，努力营造清朗网络舆论空间，提高网络宣传教育实效。

重内容，强化网络宣传效果。校团委始终突出“内容向上，作品原创”，将内容作为团属新媒体建设不竭的生命之源，重视内容的原创性，以原创赢得关注度，以原创形成影响力，“安徽工程大学团委”微信平台内容原创率为95%以上。同时，以“贴近师生、注重特色、强化互动”为特征，努力贴近师生需求，以文字、图片、语音和视频等多种形式讲述身边好故事，传播校园好声音，共同分享校园里的点点滴滴，彰显我校青年学生的活力，并结合校园重大活动和网络热点事件，编辑推送

富有我校特色的内容，从而强化新媒体网络宣传效果。“安徽工程大学团委”官方微信平台以团学新闻发布、生活服务导航、青年思想引领为主要工作内容，对日常的团学活动、学生比较关注的社会事件以及青年思想动态等进行发布和报道，致力于打造成全校团员青年最喜爱的微信公众平台。

“赤铸青年”“101精神”“大学导航”“青声青语”“原创文学”“学习进行时”“点歌台”等栏目的内容，涵盖文字、图片、语音和视频。截至目前，订阅用户26945人，累计推送225期，共计402篇，单篇最高阅读量超过15000人次，日平均阅读总量超过1500人次，连续三个月(9月、10月、11月)位居全国基层团组织微信公众号综合影响力排行榜100强，单周最高排名全国第7，在安徽省高校团委微信公众号中排名稳居前10名，多次位居榜首。“安徽工程大学团委”官方微博平台发送的微博内容短小精悍，具有很强的灵活性，利用多种方式重组内容，从而满足学生更全面的需求；内容及时性较强，为了让用户在第一时间看到所发布的内容，有些活动采取了微博直播的方式。目前，该微博拥有粉丝16358人，全年发布博文2132条。其中团属微博发布的暑期精准扶贫活动得到了团中央和团省委的分享、点赞和评论。在团中央高校微博排名中，我校团委团属微博位居全国高校微博排行榜第13名。

(有改动)

三、融入全社会建设网络

党的十八届三中全会审议通过了《中共中央关于全面深化改革若干重大问题的决定》，在社会建设领域提出了“创新社会治理”的崭新论述及“改进社会治理方式，激发社会组织活力，创新有效预防和化解社会矛盾体制，健全公共安全体系”的改革要求。在把握新形势下青年与共青团工作的根本问题和时代课题的前提下，共青团在创新社会治理方式，动员青年群众参与社会治理，提高青年社会组织的自治能力等方面大有可为。动员、组织广大青年参与创新社会治理，是共青团强化社会职能，推进团的组织和工作创新，提高团的工作科学化水平和做好新形势下党的青年群众工作的必然要求。①

① 郑晓博.共青团参与创新社会治理的路径[J].前线，2015(2)：108.

高校共青团主动承担社会公共服务职能，不仅能推动高校人才培养、科学研究、文化传承，亦能有效拓展社会服务内涵、丰富社会服务内容、创新社会服务形式。高校共青团不仅要承担青年政治社会化和发展组织化的政治职能，还要回应新形势下青年学生参与经济社会发展、推动文化交流合作、承担社会责任等意愿。同时，充分发挥高校人才资源和智慧资源优势，引导青年学生承接具有专业性、服务性、可操作性的社会服务项目，这样才能让更多的青年学生参与到社会治理的全过程中，为社会提供公共服务。高校共青团应实现空间再造和资源重组，积极寻求社会合作。当前，高校共青团校内资源相对匮乏与青年学生成长发展需求日益多样化之间的矛盾不断加剧，这就倒逼其必须构建新型的组织模式，向系统外、大社会拓展，以市场化运作方式参与社会项目，加强精准化社会合作，进一步提高社会需求的主动性和高校项目承接能力的耦合度。①

（一）强化价值引领作用

做好社会主义核心价值观教育引导工作，有利于新时代高校共青团更好地指导大学生成长成才，提升整体国民素质。党的十九大报告指出，人才是实现民族振兴、赢得国际竞争主动的战略资源，要坚持党管人才原则，聚天下英才而用之，加快建设人才强国。在新时代，将社会主义核心价值观融入高校共青团工作，是对大学生知识能力、思想观念与道德素质的全面提升，关系着个人发展、社会进步与国家前途，具有重要的战略意义。

共青团应加强思想政治工作，坚持对青年的教育和引导，增强青年的民族自尊、自信和自强精神，使青年树立正确的理想、信念，提高青年的思想道德素质和科学文化素质。共青团在社会主义建设浪潮中必须坚持发挥联系青年的桥梁和纽带作用，积极协助政府管理青年事务，代表和维护青年的具体利益，保护和促进青少年健康成长。要发挥共青团的价值引领作用，就要凸显政治原则。国家社会的发展、精神力量的传承终将落在青年的肩上，作为中国共产党领导下的先进青年群众组织，中国共青团应加强对青年大学生的思想政治教育，强化团员意识，是

① 沈威.高校共青团改革中的职能定位及问题研究[J].中国青年社会科学，2017，36(1)：109-110.

增强青年对共青团组织认同感的前提。高校共青团思想建设的落脚点虽然由国家和政党的视域逐步回归到共青团组织本身和青年大学生群体，但目标要求始终是牢牢把握主动权，通过不断的思想引领，使爱国主义、集体主义、社会主义思想在新形势下的青年大学生群体中更加深入人心。[①]要发挥共青团的价值引领作用，就要提高服务青年的水平，就要牢固树立服务意识。要把为青年办了多少实事、解决了多少困难作为衡量团的工作成效的根本尺度；要善于从青年成长成才、权益维护、就业创业、特殊困难等方面的需求和精神文化、事业发展的愿望出发，完善服务内容，确定服务方向；要以社会为舞台，以需求为导向，联合社会力量，有效利用党政资源、社会资源、组织内生资源的资源整合机制，真正实现服务工作的长期化、规范化和专业化。[②]

（二）参与社会问题治理

党的十八届三中全会对创新社会治理体制进行了全面部署，强调建设多元化主体共同参与的社会治理格局。创新社会治理的基本内涵在理念、主体、目标和方法论等四个维度上都体现出显著的新特点。这些新特点要求共青团进一步强化社会职能，在四个维度实现从辅助管理到参与治理、从单方行政到合作共治、从管理青年到服务青年、从精英主义到群众路线的转型升级，不断增强团组织对青年的吸引力和凝聚力，扩大团的工作覆盖面，围绕党政中心工作、国家发展大局，履行好巩固党的青年群众基础的政治责任，完成好党赋予共青团的培养中国特色社会主义事业建设者和接班人的根本政治任务。[③]

高校共青团参与社会治理，要发挥自身立足于青年群体和高校的先天优势。要从了解青年群体的问题入手，发挥纽带作用，打破条块壁垒，联系高校共青团和省级共青团各部门，带动省级共青团和高校团委之间的联动反应，进而利用高校各行政部门的资源优势进行基层社会治理；要围绕帮扶对象地区学校开展工作，实施“一对一”对口支援，帮助欠发达地区学校提高教学水平与服务学生意识，积

① 陈赛金．高校共青团思想引领的当代价值与对策分析［J］．思想理论教育，2016(4)：71.

② 辛浩．发挥共青团的价值引领作用［EB/OL］．(2019-08-07)［2021-05-01］．https://www.sohu.com/a/332121049_819391.

③ 郑晓博．共青团参与创新社会治理的路径［J］．前线，2015(2)：108.

极走访、帮助困难学生家庭，进而化解潜在失学风险和家庭危机。[①]

高校共青团参与社会治理，要发挥专业知识人才优势，联动社会多元力量。高校作为拥有雄厚高等知识人才贮备的阵地，在参与社会问题治理的过程中可依据学校办学特色和一流专业建立一支专业化人才队伍，主动与社会需求对接，运用学业专长解决社会现实矛盾。同时，注重强化与社会多元主体的联动，借助社会多元主体，了解社会发展动态与症结所在，可通过共同的社会项目与社会力量达成合作伙伴关系，满足双方资源互补、技术交流等需要。

① 衣玉梅，吴思琦.社会治理视域下群团组织参与“精准扶贫”路径探析——以C市共青团为例[J].哈尔滨工业大学学报(社会科学版)，2018，20(5)：74.

余 论

激励高校共青团干部干事创业需要增强干部队伍的职业认同。习近平总书记在知识分子、劳动模范、青年代表座谈会上指出:"广大劳动群众要立足本职岗位诚实劳动。无论从事什么劳动,都要干一行、爱一行、钻一行。"干一行、爱一行、钻一行是对干部队伍干事创业的总体要求,是评价高校共青团干部职业认同的价值旨归。中国共产主义青年团是党的助手和"后备军",高校共青团承担联络高校青年、协作青年、支持青年以及培养青年的重要职责,是全国共青团战线的主要阵地。由专职团干部与学生干部组成的高校共青团干部体系是高校团组织的中流砥柱,在高校共青团组织的工作活动中发挥着关键作用。高校团干部对自身职业的认同程度影响着高校团组织活动的管理,进而影响共青团发挥其作为党的助手和"后备军"的作用。因此,分析高校共青团干部的职业认同状况,厘清影响职业认同的关键因素与作用机制,有助于科学、有效地提升高校团干部的职业认同,强化高校团干部联系青年、沟通青年、服务青年的桥梁作用。

第一,丰富的专业知识是团干部做好学生工作的重要基础。高校共青团组织需要建立健全团干部知识培训体系,鼓励团干部积极参与知识培训,及时更新、丰富团干部专业知识储备,增强团干部工作技能水平。同时,要积极完善团组织后勤保障体制,消解团干部的后顾之忧,真正激发团干部的工作积极性,促使他们努力工作,产生工作成就感与组织荣誉感,进而全身心投入团的学生工作中,实现服务广大青年学生的职业使命。

第二,巩固团干部的使命定位,明确团干部是服务学生、沟通学生的桥梁。高校团干部在做好桥梁与服务提供者工作的同时,也希望得到工作对象的认可。团干部对来自广大学生群体的认同与支持的感知可以帮助团干部改善工作的方式、提升工作的有效性。因此,高校团干部对自身职业的服务者定位要有准确认知,在此基础上履行联系、沟通与服务青年大学生的职能,切切实实地为广大学生说实话、干实事,不断改进、创新工作方法,提高服务效率与质量,以此不断提高学生对团干部的认同与支持,进而提高团干部的职业认同度。

第三,高校同级党委的支持是团干部工作开展的组织基础,因而要积极落实党建带团建工作,从活动、组织、思想、工作等各方面促进团干部的全面发展。面对团干部不太高的政策满意度,需要加大对高校共青团的政策支持与投入,同级党委与上级团组织不但要将相关政策落到实处,还要积极为团干部营造积极的政策环境,让团干部感受到政策对其工作的支持。此外,面对新时代的新变化、新发展,还要改革与创新高校团组织的工作机制体制,使之适应团干部的实际工作,充分发挥高校团干部在全国共青团战线中联系与服务青年学生的优势。

第四,高校团组织必须重视团干部的工作满意度,较高的工作满意度可以促进团干部更好地投入工作。因而,高校党委或团组织要通过积极的干预手段,如改善工作环境与条件、改善激励措施、扩大转岗途径、畅通沟通渠道等,从各方面提高团干部的工作满意度,以此增强团干部的职业认同度,推动团干部更加积极主动地开展团的工作。

后 记

对高校共青团工作的研究，始于研究团队承接的重庆市科委项目“群团组织引导带动社会组织发展研究”，同时，本研究团队后续也承接了多个与共青团工作相关的研究项目，对共青团尤其是高校共青团工作有了初步认识，也奠定了本书资料与知识认知的基础。

为进一步收集资料，研究团队先后赴重庆大学、西南大学、四川美术学院、重庆三峡学院、重庆三峡职业学院、四川大学、电子科技大学等高校调研共青团工作改革创新情况，掌握了大量一手素材，并对本书的框架、内容进行了深入讨论。

本书是集体智慧的结晶，具体分工如下：颜怡与郭春甫负责起草写作大纲、书稿初稿撰写、书稿一校与二校，其中，一至四章由颜怡撰写，第五章由郭春甫撰写。部分研究生参加了书稿的资料收集与整理工作，他们是闫妍、薛倩雯、赵亚鑫、赵琴、罗尼宇、何敏、唐敬、李远志、王鑫、何枚红、欧倩、张小楠、张霖、陈雯。

在撰写本书的过程中，我们得到西南政法大学、西南政法大学党委学生工作部（学生处）、校团委、政治与公共管理学院等的大力支持。此外，研究团队参考了大量的文献资料，引用了大量已有成果。虽然已标注了相关文献出处，但仍有挂一漏万之嫌，对于疏漏与忽略之处，请广大读者批评指正。

作者谨识

2023年6月